The Symons Medal was designed for the Confederation Centre of the Arts by Dora de Pédery-Hunt, CM, O Ont (1913-2008), the famed Canadian sculptor, renowned for her designs of medals and coins.

The Symons Medal Series

The Symons Medal, one of Canada's most prestigious honours, is presented annually by the Confederation Centre of the Arts, Canada's national memorial to the Fathers of Confederation, to honour persons who have made an exceptional and outstanding contribution to Canadian life. The presentation of the Symons Medal is normally an occasion for the distinguished recipients to offer a major address on the state of Canadian Confederation, and its place in the world. It provides a national platform to discuss the current state and future prospects of Confederation in the world of today. The Symons Medal Series, co-published by the Confederation Centre and by the University of Ottawa Press, aims to make the Symons Medal addresses available to a wide and continuing audience of Canadian readers, and to make them permanent contributions to Canadian culture, and to the future of the Canadian Confederation.

Symons Medal Series Editor:
Ralph Heintzman

Canada and Aboriginal Canada Today
Changing the Course of History

The Right Honourable Paul Martin
2013 Recipient of the Symons Medal

Canada and Aboriginal Canada Today
Changing the Course of History

Confederation Centre of the Arts
Charlottetown, PEI
University of Ottawa Press

u Ottawa

CONFEDERATION
CENTRE OF THE ARTS

The University of Ottawa Press gratefully acknowledges the support extended to its publishing list by Heritage Canada through the Canada Book Fund, by the Canada Council for the Arts, by the Federation for the Humanities and Social Sciences through the Awards to Scholarly Publication Program and by the University of Ottawa.

The University of Ottawa Press is proud to partner with the Confederation Centre of the Arts to publish the inaugural volume of the Symons Medal Series, which honours persons who have made an exceptional and outstanding contribution to Canadian life.

Proofreading: Didier Pilon
Typesetting: Édiscript enr.
Cover design: Johanna Pedersen and Lisa Marie Smith
Cover art and photo: Paul Martin (Dave Chan photographer)
Detail cover and interior: Charlottetown Revisited, detail, 1964, Jean Paul Lemieux (1904-1990), oil on canvas, 197.2 × 380.4 cm, Commissioned with funds from Samuel and Saidye Bronfman, Montreal, 1964 (rights of reproduction Gestion A.S.L. Inc.).
Detail cover and frontispiece: The Symons Medal was designed for the Confederation Centre of the Arts by Dora de Pédery-Hunt, CM, O Ont (1913-2008), the famed Canadian sculptor, renowned for her designs of medals and coins.
Photography (interior photos): Louise Vessey

Library and Archives Canada Cataloguing in Publication
Canada and Aboriginal Canada today: changing the course of history / The Right Honourable Paul Martin, 2013 Recipient of the Symons Medal = Le Canada et le Canada autochtone aujourd'hui: changer le cours de l'histoire / Le très honorable Paul Martin, Lauréat de la médaille Symons en 2013.

(The Symons Medal series = Collection de la médaille Symons)
Includes bibliographical references and index.
Issued also in print and electronic formats.
Text in English and French on inverted pages.
ISBN 978-0-7766-2253-8. — ISBN 978-0-7766-2255-2 (pdf).
— ISBN 978-0-7766-2254-5 (epub)

1. Native peoples — Canada — Politics and government. 2. Native peoples — Canada — Government relations. I. Martin, Paul, 1938-   . Canada and Aboriginal Canada today. II. Martin, Paul, 1938-   . Canada and Aboriginal Canada today. French. III. Confederation Centre of the Arts, issuing body IV. Title. V. Title: Canada et le Canada autochtone aujourd'hui.

E92.M373 2014   323.1197'071   C2014-907577-4E
                                                                 C2014-907578-2EF

Table of Contents

Foreword

The Symons Medal is one of Canada's most prestigious honours. It is presented annually by the Confederation Centre of the Arts to honour persons who have made an exceptional and outstanding contribution to Canadian life.

The Confederation Centre of the Arts was founded in 1964 as Canada's National Memorial to the Fathers of Confederation, on the centenary of the Charlottetown Conference, the historic first step on the road toward Canadian nationhood. In 1864, the Fathers gathered at Province House, the distinguished, neo-classical legislative building of Prince Edward Island, to discuss the union of the British North American provinces. The union they brought about, in 1867, established the foundation for the Canada of today.

Every Canadian played a part in establishing the Centre as a national institution honouring the Fathers of Confederation, because every province and the federal government committed 15 cents per capita to construct the Centre. This was the first time all provinces agreed to fund a national institution located outside their own boundaries. Covering an entire city block in Charlottetown, adjacent to historic Province House, the site of the

1864 Charlottetown Conference, the Centre houses several theatres, an art gallery, a restaurant, and a gift shop.

As Canada's only national memorial to the Fathers of Confederation, the mandate of the Confederation Centre of the Arts is to inspire Canadians to celebrate the founding and evolution of Canadian Confederation, through the performing and visual arts, arts education, heritage, and by public initiatives such as the Symons Medal. When the Confederation Centre was opened by Her Majesty The Queen, on October 6, 1964, Prime Minister Lester B. Pearson said: "[The Fathers of Confederation Memorial Building] is a tribute to those famous men who founded our Confederation. But it is also dedicated to the fostering of those things that enrich the mind and delight the heart, those intangible but precious things that give meaning to a society and help create from it a civilization and a culture."

As part of the Centre's role to nourish those things that give meaning to Canadian life, and establish our Canadian civilization and culture, the annual presentation of the Symons Medal provides all Canadians with an opportunity to recognize an outstanding contribution to our national life, and to reflect upon their country and its future. The presentation of the Symons Medal is normally an occasion for the distinguished recipients to offer a major address on the state of Canadian Confederation, and its place in the world. It provides a national platform to discuss the current state and future prospects of Confederation in the world of today. The Symons Medal ceremony and its accompanying lecture are normally held each fall, in Charlottetown, to mark the meetings of the Fathers of Confederation in 1864.

The Symons Medal is named in honour of Professor Thomas H.B. Symons, a supporter and board member of the Confederation Centre for many years. Professor Symons, the Founding President of Trent University in Ontario, is widely recognized for his work in the field of Canadian studies, especially in the areas of public policy, cultural policy, heritage and education.

Since 2004, the Confederation Centre has honoured thirteen distinguished Canadians including: the Honourable Jean Charest, premier of Quebec (2004); the Honourable Roy McMurtry, former Attorney General and Chief Justice of Ontario (2005); Mark Starowicz, distinguished Canadian broadcaster (2006); the Honourable Peter Lougheed, former premier of Alberta, and the Honourable John Crosbie, former federal cabinet minister and Lieutenant Governor of Newfoundland (2007); Ian Wilson, former National Archivist, and the Right Honourable Beverley McLaughlin, Chief Justice of Canada (2008); Mary Simon, Inuit leader, former Canadian diplomat and chair of the international Arctic Council (2009); the Right Honourable David Johnston, Governor General of Canada (2010); Dr. Ivan Fellegi, former Chief Statistician of Canada (2011); Dr. David Suzuki, celebrated environmentalist and broadcaster (2012); and His Royal Highness The Prince of Wales (2014).

The 2013 recipient of the Symons Medal was the Right Honourable Paul Martin, former Prime Minister of Canada. Mr. Martin is the son of the Honourable Paul Martin Sr., himself one of Canada's most distinguished parliamentarians and public figures, a former minister of external affairs and an architect of Canada's modern welfare state. The Right Honourable Paul Martin is a graduate of St. Michael's College and the Faculty of Law at the University of Toronto, and was called to the Bar of Ontario in 1966. He had a distinguished career in the private sector, including as Chairman and Chief Executive Officer of The CSL Group Inc., before entering political life as the Member of Parliament for LaSalle-Émard in Montreal, which he represented in the House of Commons from 1988 to 2008. From 1993 to 2002, Mr. Martin served as one of Canada's greatest Ministers of Finance in the postwar era, erasing the federal government's annual budget deficit, and subsequently achieving five consecutive budget surpluses. He was instrumental in the creation of the G-20, an international coordinating group of finance ministers and central bank governors, and was named its inaugural chair in 1999.

As Prime Minister of Canada from 2003 to 2006, Mr. Martin developed a ten-year $41 billion plan to improve health care, signed agreements with the provinces and territories to establish the first national early learning and child care program and created a new financial deal for Canada's municipalities. One of Mr. Martin's most outstanding achievements as prime minister was the so-called Kelowna Accord of November 2005. In this historic agreement, the federal, provincial, and territorial governments, together with Canada's First Nations, Métis Nation and Inuit leaders, reached a consensus to eliminate the gaps between Aboriginal and non-Aboriginal Canadians in the areas of health, education, housing and economic opportunity.

Since leaving office, Mr. Martin has continued to be active on the international scene, including as co-chair of a United Nations panel on private sector investment in the Third World, and as a member of the advisory council of the Coalition for Dialogue on Africa. He chairs a poverty alleviation and sustainable development fund for the ten-nation Congo Basin Rainforest, and is a commissioner for the Global Ocean Commission.

At home in Canada, Mr. Martin has continued his leadership on aboriginal issues that led to the Kelowna Accord. Among other things, he and his family have established the Martin Aboriginal Initiative to identify issues affecting the lives of Aboriginal Canadians. Its two current priorities are education opportunities for Aboriginal students—targeted through the Martin Aboriginal Education Initiative (MAEI)— and developing business expertise and mentoring for

Aboriginal business, through the Capital for Aboriginal Prosperity and Entrepreneurship (CAPE) Fund. In September 2014, Mr. Martin joined another former Prime Minister of Canada, Joe Clark, and other prominent Canadians—both Aboriginal and non-Aboriginal—in founding *Canadians for a New Partnership*, a broad-based initiative to engage Canadians in dialogue and relationship-building, aimed at building a new partnership between First Peoples and other Canadians, in order to achieve better living conditions, educational and economic opportunities for Canada's Aboriginal peoples.

In naming the Right Honourable Paul Martin as the 2013 recipient of the Symons Medal, the Confederation Centre of the Arts honoured him for all of his remarkable achievements and contributions to Canadian life, including his outstanding business career, his role as one of Canada's greatest finance ministers, and his services to Canada as its 21st prime minister, perhaps especially his leadership on matters affecting the lives of Aboriginal Canadians. It is significant that Mr. Martin chose to devote his Symons Medal address to the topic of Canada and Aboriginal Canada today. In his Medal lecture, he recalls that his own awareness of the importance of justice for the Aboriginal peoples of Canada was initially nourished by his experience as a history student of Professor Symons at the University of Toronto in the 1950s. In this major address, Mr. Martin brings all his knowledge and experience to bear in explaining the issues facing Canada today, their historic roots, and the current policy priorities. Above all, he issues an urgent, eloquent and deeply informed call to action, calling on Canadians to exercise, today, the same kind of imagination, generosity and courage that the Fathers of Confederation themselves showed when they met at Charlottetown, in 1864, to consider the founding of a new nation.

The Confederation Centre was fortunate that Harvey McCue agreed to respond to the Right Honourable Paul Martin's Symons Medal address. Vice-Chairman of the Ontario Heritage Trust, Mr. McCue is a consultant on aboriginal affairs in health, education, self-government, gaming, public relations and economic development. One of the founders of the Native Studies department at Trent University, Mr. McCue was the first First Nations Director General of Indian Education at Indian and Northern Affairs Canada.

As a former director of Education Services for the Cree School Board in Northern Quebec (1983-1988), Mr. McCue is well qualified to describe the achievements of the Cree nation, as a test case for Mr. Martin's argument that the future progress of Canada's Aboriginal peoples depends upon achieving appropriate forms of self-government. He argues that the self-government achieved by the Cree—as a result of the James Bay and Northern Quebec Agreement in 1976, and the subsequent passing of the federal *Cree-Naskapi Act* in 1984—was the foundation for their remarkable political and economic successes over the last three decades. Mr. McCue suggests that the achievements of the Cree nation of Quebec provide strong evidence to support Mr. Martin's conclusions: that self-government is an essential condition for Canada's Aboriginal peoples to move forward, and that self-government must also be accompanied by adequate funding.

The Confederation Centre of the Arts believes that the Right Honourable Paul Martin's 2013 Symons Medal address is a vitally important contribution to the ongoing Canadian debate about the role of Canada's Aboriginal peoples in the Canada of today and tomorrow.

In making the 2013 Symons Medal lecture available in published form, the Centre aims to extend its role as the National Memorial to the Fathers of Confederation and its mandate to celebrate the founding and enrich the evolution of Canadian Confederation, by nourishing those "precious things that give meaning to a society and help create from it a civilization and a culture."

The Confederation Centre hopes that the publication of the 2013 Symons Medal address by the Right Honourable Paul Martin will inform the national debate about the future of Canada and of Aboriginal Canada, and that it will give many Canadians an opportunity both to learn about the roots of Canada's current challenges in our past, and to reflect upon the issues of justice and equality for Canada's Aboriginal peoples today.

By making the 2013 Symons Medal lecture available in published form, the Confederation Centre hopes to give it continuing life, as a statement of permanent value to Canadian culture, and of ongoing relevance to Canadian public policy. It looks forward to making future Symons Medal addresses available in a similar format, in order to bring them to a wide and continuing audience of Canadian readers, and to make them permanent contributions to Canadian culture, and to the future of the Canadian Confederation.

RALPH HEINTZMAN

Introduction

The Honourable Robert Ghiz
Premier of Prince Edward Island

Your Honours, Right Honourable Paul Martin, Distinguished Guests, Members of the Confederation Building Trust, Ladies and Gentlemen.

On behalf of the Government of Prince Edward Island, I want to welcome all of you here today. It's great to see such a wonderful turnout this afternoon for the annual Symons Lecture on the State of Canadian Confederation. *Au nom du gouvernement de l'Île-du-Prince-Édouard, c'est mon plaisir de vous souhaiter la bienvenue ici aujourd'hui. Je suis très fier de vous voir en si grand nombre cet après-midi pour cette conférence importante sur l'état de notre confédération.*

This event, which has drawn distinguished lecturers from across the country to speak on current and emerging issues, would not be possible without the Building Trust and the Confederation Centre of the Arts. I want to commend and congratulate these groups on once again organizing and hosting this outstanding event.

Encouraging discussion and debate on issues that affect our country is one of the reasons why we are truly blessed to live in arguably the best nation in the world. A nation, I might add, that was founded based upon the Charlottetown Conference in 1864, of which we will be celebrating the 150th anniversary in 2014.

Today I am very pleased to welcome our guest lecturer, the Right Honourable Paul Martin, the 21st Prime Minister of Canada and former leader of the Liberal Party of Canada. *Aujourd'hui c'est un honneur pour moi d'accueillir notre conférencier, le Très honorable Paul Martin, vingt et unième premier ministre du Canada et ancien chef du Parti libéral du Canada.*

It's truly an honour to welcome Mr. Martin to Prince Edward Island today. From the time he was elected in 1988 until he retired in 2008, Mr. Martin served as a Member of Parliament for his riding of LaSalle-Émard in Montreal. Mr. Martin served as Minister of Finance,

overseeing many changes in the financial structure of Canada. He erased Canada's deficit, which was the worst of the G7, and was instrumental in recording five consecutive budget surpluses. Mr. Martin strengthened regulations governing Canada's financial institutions, which has led to Canada now being viewed as an international model for sound financial regulation. Mr. Martin also introduced the largest tax cuts in Canadian history, as well as the largest increases in education, research and development. Along with his provincial counterparts, he restored the Canada Pension Plan and secured it for generations to come.

Under his leadership, in 2006, Canada's provinces, territories, First Nations, Métis and Inuit leaders signed the Kelowna Accord, an agreement that would eliminate gaps between Aboriginal and non-Aboriginal Canadians, in areas of health, education, housing and economic opportunity.

Currently, Mr. Martin continues to be involved in leadership roles with initiatives that examine critical issues facing the African continent.

Mr. Martin also established the Martin Aboriginal Education Initiative, which aims at reducing the Aboriginal youth dropout rate and to increase the number of Aboriginal students attending post-secondary institutions.

In December 2011, Mr. Martin was appointed as a Companion to the Order of Canada, an honour recognizing his service to the country.

Again, it's an honour for us to have former Prime Minister Paul Martin here to share some of his ideas with us on Confederation and our Aboriginal population. *Encore une fois, c'est un grand plaisir d'avoir l'ancien premier ministre Paul Martin avec nous pour partager ses idées et pensées sur la Confédération et notre peuple autochtone.*

Your Honours, ladies and gentlemen, please join me in welcoming the Right Honourable Paul Martin.

Canada and Aboriginal Canada Today: Changing the Course of History

The Right Honourable Paul Martin

Lieutenant Governor Lewis, Premier Ghiz, Chief Justice Jenkins. Senators, MPs, MLAs, Board Members of the Confederation Centre of the Arts, Ladies and Gentlemen: Before beginning my remarks, I would like to acknowledge that we are meeting on the traditional territory of the Mi'kmaq peoples.

Let me also congratulate Wayne Hambly, Chairman of the Fathers of Confederation Buildings Trust, George Kitching, and members of the Symons Medal Committee, Jessie Inman, Chief Executive Officer of the Confederation Centre and all those who are involved with the organization of this magnificent event.

And finally let me say how good it is to see Tom and Christine Symons. As a new and very young President of Trent University, Tom Symons revolutionized the context and teaching of post-secondary Native Studies in Canada. It was not easy. He was up against the most regressive form of conventional wisdom, the abrupt dismissal that there could be anything worthwhile in Indigenous studies beyond a bit of archaeology. But he

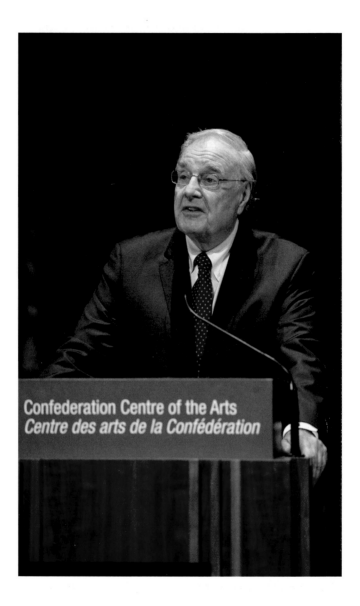

persevered and he triumphed. Quite simply, he didn't only teach history, he made it.

You will not be surprised therefore at how honoured I am to have been asked to deliver this year's Symons Lecture on the State of Confederation and Aboriginal Canada. Nor will you be surprised if I tell you how pleased I am to be the recipient of this year's Symons Medal. You will be surprised however, when I tell you that I thought twice about showing up.

Tom Symons, was a great influence on me when he taught history at the University of Toronto, and he is a great friend. That is, he became a great friend, once he was no longer able to grade my papers, criticize my prose, and point out that occasionally one is supposed to show up for tutorials.

Now you understand my dilemma. It is one thing to receive the Symons Medal, it is quite another to deliver the Symons Lecture thereby giving its name-sake, some 50 years later, the chance once again to pour salt on my poor bullet-ridden carcass.

That being said, I thought: if I show up, I will have his medal, as reparation for the injustices I suffered so many years ago, and with that I begin….

The Paradox of Confederation

We are here today to celebrate the vision of those who almost a century and a half ago met to create a Maritime union and the larger vision that emerged from all sides when the delegations from central Canada joined in.

Confederation three years later was the remarkable result. It was the coming together of the descendants of two European nations often at war with each other and a scattering of religions that certainly had their differences. Yet from this, or perhaps because of it, was created a new country that opened its doors to the world and which stands today as a beacon of equality and freedom.

The paradox in all of this is that the First Peoples of this land, the First Nations, the Métis Nation and Inuit whose ancestors had been here since time immemorial were not invited to the party. Yet, they were major players. For instance the Royal Proclamation of 1763 —250 years old this year—recognized the powers of the "various Nations or Tribes of Indians" to make treaties, and established that before a settlement of tribal lands could take place a treaty needed to be entered into. This was no minor acknowledgement.

Given this, it would have been understandable in both 1864 and 1867 had the representatives of Aboriginal Canada asked: Why weren't we invited to your meetings? Just as their descendants a century and a half later are asking with rising impatience: What is our place in Confederation today?

To answer this last question there are a number of key and interrelated issues that need to be addressed. Let me briefly mention three of these, all of which must be dealt with equitably if we are to build a stronger and more cohesive Canada, a Canada where the First

Peoples are truly included. They are: the treaties, the *Indian Act*, and the Inherent Right of Self-Government.

The Treaties

First, the Treaties and the different perspectives pertaining to their spirit and intent. The Aboriginal perspective, on the one hand, is that the act of Treaty making recognized the pre-existing sovereignty of the various "Nations or Tribes of Indians." For them a treaty did not mean subjugation but rather the agreement to coexist and to share the land and its resources.

On the other hand, for some Canadians, treaties are seen simply as land surrenders wherein the First Peoples relinquished whatever control they had over their lands save for small reserves which were to be managed by the Crown until their owners were assimilated into the dominant society.

Clearly the Aboriginal perspective is the right interpretation. This for many reasons, of which I will mention but two:

First of all, for Indigenous Peoples throughout the world, land is not simply a commodity to be bought or sold. As the great Warrior Chief Tecumseh said, it could no more be sold than air.[1]

Second, during the latter half of the 18th century, the British were worried about tribal rebellions, continuing loyalties to the French, and, later, that their

1.   Allan Gregg, Tecumseh's Ghost. October 4, 2013, http://allangregg.com/tecumseh/.

colonies could fall to the United States. In short, the British needed tribal allies. Knowing this, clearly the Proclamation in 1763 wasn't about the First peoples giving up their land. It was rather about the Crown trying to keep the "Nations or Tribes of Indians" on side as partners, by unequivocally acknowledging their rights. Hence any interpretation that violates established Aboriginal rights is a violation of the Crown's honour and, ultimately, Canada's honour.

The *Indian Act*

Second, the *Indian Act*. First enacted in 1876, the *Indian Act* is the antithesis of the original treaty relationship. It is certainly not an appropriate mechanism to address the governmental relationship between the First Nations and Canada. Quite simply, the *Indian Act* treats Indians as wards of the state and places an enormous amount of power and responsibility in the hands of the Minister of Aboriginal Affairs to make all the important decisions affecting them—from birth to death. Decisions that if any government tried to make for you or me, we would be out in the streets.

Indeed it would not be an exaggeration to summarize this part of our history with the First Peoples by saying that the purpose of the *Indian Act* was their assimilation and the creation of Residential Schools its accomplice.

I hear you say: Well if the *Indian Act* is so bad why don't we just repeal it?

And so we should. But to do so first we will have to answer the question: What replaces it? A question which cannot be answered without taking into account the inherent right of First Nations to govern themselves. Because to move beyond the *Indian Act*, without genuinely implementing the inherent right of self-government, would be to compound history's denial of the First Nations place within Confederation.

So it is to the Inherent Right of Self-Government I now turn.

The Inherent Right of Self-Government

To begin with—although Aboriginal rights are recognized and affirmed in section 35 of the Constitution Act, 1982—the fact is the First Peoples have always had the inherent right to govern themselves, a fact we acknowledged long ago by entering into formal treaties with them.

The Supreme Court in *Van der Peet* made this abundantly clear when Justice Lamer said, and I quote:

[T]he doctrine of Aboriginal rights exists and is recognized and affirmed by s. 35(1) because of one simple fact: when the Europeans arrived in North America, the Aboriginal peoples were already here living in communities on the land and participating in distinctive cultures as they had done for centuries. It is this fact which…

mandates their special legal and now constitutional status.[2]

Justice Williamson of the B.C. Supreme Court took this a step further in what is the most comprehensive decision dealing with the inherent right of self-government, stating that:

> Aboriginal rights, and in particular a right to self-government akin to a legislative power to make laws, survived as one of the unwritten 'underlying values' of the Constitution outside the powers distributed to Parliament and the legislatures in 1867.[3]

In short the inherent right of self-government exists. It has long existed. And section 35 was put in place to protect it.

So wherein lies the problem?

It lies in the reality that these matters are political as much as they are constitutional. And so the answers to the complex question of how to truly recognize the First Nations place in Confederation will not be found only by going to court, but, unfortunately—if history is to be our guide—will require negotiation. Even with a succession of favorable court decisions in the First Nations' back pocket.

---

2. *R v Van der Peet*, [1996] 2 S.C.R. 507, at para. 30.
3. *Campbell v. B.C.* and Nisga'a *Campbell v. British Columbia Nation* 2000 BCSC 1123; at para 81.

And it is here that the rubber hits the road. For the history of too many federal governments is one of refusing to acknowledge the inherent right in any meaningful way. This is what occurs virtually every time you hear the Aboriginal leadership accuse the government of acting unilaterally or of pretending to do consultation but without substance. This is why we need to release the First Nations from the shackles of the *Indian Act*. Because, strange as it may sound, it appears not to be enough to recognize the inherent right *constitutionally*. It must be recognized *politically* as well.

The point to underline here is that acknowledging the inherent right is not a gift to First Nations, a luxury, or simply fodder for some academic or legal debate. It is a necessity, if Canada is to move on from its colonial past, and First Nations are to take their rightful place within Confederation.

And it is happening. But it is happening ever so slowly. There are now some 40 First Nations governing outside of the *Indian Act*. Most of these were able, through negotiation, to complete a modern treaty with Canada or the provinces or territories. There are also practical and working examples of First Nations confirming their inherent right outside of the process of treaty making. For instance, in British Columbia, the Westbank First Nation achieved its inherent right of self-government through an agreement, not a treaty.

Now at this point you may ask, if some can transition into self-government, wherein lies the problem?

The answer is these represent but a small minority. And, at the rate at which self-government negotiations are going, it will take a hundred years, for all the First Nations that seek it, to have in place even rudimentary governance beyond the *Indian Act*.

What to Do About Self-Government

So what to do? There are three alternatives to an interminable series of separate self-government negotiations.

One, a First Nation can simply act without recognition from Canada, while running the risk of legal challenges to its decisions, from both within its Nation (i.e., from its own citizens), or from the outside: from third parties and other governments, for example.

Two, a First Nation can go to court to seek a declaration of its powers to govern and the subject matters over which it can make laws. The problem here is, although the courts have said the inherent right exists, it is not really feasible to test in court every power of government for every First Nation, and as I've already said, history demonstrates that a court decision won't necessarily bring needed closure.

And, finally, the third alternative—which could have merit, although it appears to require a level of governmental goodwill not yet demonstrated—is one that has been suggested by many First Nations Leaders. It is the need for self-government recognition legislation by the federal government, stipulating that, at the instigation of a First Nation or a group of First

Nations, Canada would recognize their inherent right and deal with the transition from the *Indian Act* on pragmatic terms where Canada no longer plays the reluctant gatekeeper.

Why do I say on pragmatic terms? It is because, given the vast differences that exist across the country, a cookie cutter approach will not work. Some communities are not ready for comprehensive self-government and would rather do it in steps, taking on for example responsibility for certain areas of jurisdiction first, such as land management. Others will seek different levels of self-government on a permanent or semi-permanent basis and finally there are those who will simply seek guidance as to the "How" of it all.

This should not surprise us and in each case all should be accommodated.

Building for the Future

To this end there has been much discussion by academics, politicians, bureaucrats, and lawyers on the inherent right of self-government. But by far the best work is being done by the First Nations themselves.

As we speak, many of them are already actively building for the future. This hit home to me one day when I spoke to the British Columbia Assembly of First Nations. After I finished my remarks, I sat in for the rest of the meeting as Regional Chief Jody Wilson-Raybould explained to the assembled chiefs how the inherent right could be established and acted upon in different ways, in different communities, in different stages of de-colonization, moving through what she called the post-colonial door.

At the end of the session she gave every Chief there a document entitled *The Governance Toolkit: A Guide to Nation Building*. It was a step-by-step guide to self-government, and by the way it is one of the most practical political science textbooks I have ever read. A warning though: it is really thick. I almost broke my back carrying it home!

The Federal Government's Role

The next question is—given the court decisions, and the obvious fact that opening the space for pluralism within Confederation is the only way of breaking the state of dependency which afflicts so many communities—why is it that Ottawa's traditional attitude is one of inhibiting self-government rather than encouraging it?

The answer is that some of this is a hangover from the paternalism of the past, some of it is ideological, and some of it is fiscal. In other words, one of the reasons that Canada acts as gatekeeper is rooted in the fear of unknown costs. The real question however that should be asked is: what will it cost if we don't support appropriate First Nations governance?

The answer is the cost will be staggering, as can be seen in the current government policy of substituting jail cells for schools when dealing with the most rapidly growing segment of our population. Clearly the solution lies in a true partnership and thus the commitment to a new fiscal relationship with the First peoples. One along the lines we see between other orders of government where Ottawa plays its part, so that it doesn't matter where you live or who you are, you receive comparable services to other Canadians.

At the present time, Aboriginal Canadians are expected to do more with less. This is morally repugnant. Or, as someone put it: we need to stop punishing the victims of a broken system, and fix the system instead.

The Kelowna Accord

This was the reason I put in place the process leading to the Kelowna Accord.

What was the Accord about? It was about a seat at the national table confirming the modern relationship. And it was about ensuring that the inherent right of self-government had the equitable funding required, without which it would be an empty vessel.

Why an Accord? Because we knew to get there would require a full partnership between the federal, provincial, and territorial governments, the Aboriginal Peoples and their leaders.

The first step in the process was to host the Canada-Aboriginal Peoples Roundtable in Ottawa, which was the first meeting of its kind ever held in Canada. It involved 147 participants embodying federal representatives, senior provincial and territorial representatives, and participants from the Assembly of First

Nations (AFN), the Inuit Tapiriit Kanatami (ITK), the Métis National Council (MNC), the Native Women's Association of Canada (NWAC), and the Congress of Aboriginal Peoples (CAP).

Instead of *telling* the Aboriginal leaders of Canada what the challenges were, we asked them. Then we listened. In terms of the solutions, we asked them what they believed they might be. And again we listened.

The discussions were open, the will to succeed was shared on all sides, and, as a result, the following priority areas were established: healthcare, housing, clean water, education, economic development, and accountability. Breakout sessions were then initiated in each area and the negotiations began without delay. All the while acknowledging that, as the needs of each province and territory differed, so too did the needs of each Indigenous community.

In November 2005 after almost eighteen months of negotiation, the unprecedented First Ministers meeting involving the leaders of the national Aboriginal organizations, the provincial and territorial Premiers, the Prime Minister and members of the cabinet took place in Kelowna B.C. and confirmed agreement in all priority areas.

Some have asked why it took so long to arrive at the Accord. It was because the decisions were not made unilaterally. And because the Aboriginal leaders were given time to consult with their respective communities. For these were *their* issues and *their* answers.

In summary, we committed to raising substantively the standard of living for Aboriginal peoples over the course of the next ten years, with a strategy that included measuring annually the results of our progress for the first five years, such that the subsequent five years would build on that improvement.

Measurable targets were set in all priority areas and a down payment of $5.1 billion was booked for the first five years by Finance Minister Ralph Goodale, with the second five-year funding to be confirmed at a greater amount depending on the results obtained.

When we met that last day in Kelowna to confirm our understanding, all at the table could feel the emotion of the event. The country had come together. We were a colonial power no longer.

Unfortunately, despite the fact that it had the unanimous support of the Aboriginal leaders and the provinces and territories including those with Progressive Conservative governments, the next federal government walked away from the agreement and expropriated the $5.1 billion that had been committed to improving the living conditions of the Aboriginal Peoples of Canada.

In both substance and in the unprecedented collaboration by all parties, this was a huge loss.

You only have to look at the core areas under discussion to see this. For instance, let's discuss three of these—health care (and the continuing, deplorable social indicators related to health), education, and the economy—to understand what a difference in approach can make.

Health Care

What do we know about Aboriginal health care? Well we know that the lack of funding for health care in the North and elsewhere is evident in the virtual absence of measures of prevention and in the void of health care professionals where and when needed.

And we know the results of this: Inuit children and teenagers are eleven times more likely than others to succumb to an infectious or parasitic disease. First Nations type 2 diabetes rates are three to five times higher on-reserve than elsewhere in Canada. Infant mortality rates are as much as four times higher than the national average in some Aboriginal communities, and life expectancy is five to seven years less than that of non-Aboriginal Canadians.

But it isn't only the health statistics that leap out at you that are where the problem lies; it is also within the wider determinants of what makes a healthy body.

Children's Welfare

Children's welfare for instance, where the federal government continues against every notion of what is right to defend itself to this day before the Human Rights Tribunal contending that its per capita welfare payments, which are 22% lower on-reserve than provincial

payments off-reserve, are not acts of overt discrimination. Give me a break!

Clean Water

A few months ago, Montreal had a boil-water advisory. It made the headlines nationally and it was fixed within two days.

What happens on-reserve? As of the spring of 2011 (the last numbers available) there were 111 First Nations reserves under drinking water advisories. The public ignored them, hence governments did too, and their average duration was 343 days. True, the government recently passed new drinking water legislation, but then it failed to adequately fund it. It's called passing the buck. In other words, if someone is to be blamed, let's make sure it's the First Nations community. The government can point to its new clean water legislation and no one will realize that the First Nation didn't have the wherewithal to fix the problem.

Housing

The tuberculosis rate among status Indians is 31 times higher than that of non-Aboriginal Canadians. Why is the transmission rate so viral? Could it be the over-crowded substandard housing of the kind found in Attawapiskat and too many other Northern communities?

What was the government's reaction when Attawapiskat hit the headlines? It was to complain about the band's accounting, as if that will keep you warm in the winter. Unfortunately, the diversion worked. Public attention strayed and didn't return, not to Attawapiskat or to the multitude of other communities where deplorable housing is the rule, not the exception.

What makes the government's use of the bands' accounting as a diversionary tactic even more unacceptable is the fact that accountability was one of the key areas in the Kelowna Accord. All sides recognized that capacity-building in this area was essential. Furthermore, the then AFN Grand Chief Phil Fontaine suggested the creation of an Aboriginal Auditor General to ensure transparency and the accountability of First Nations government's to the people of their communities. We agreed and so did Canada's Auditor General Sheila Fraser. Despite this, the new government wouldn't even look at it.

Even more to the point, when the new government walked away from the Kelowna Accord, the group dealing with accountability asked that their work continue to be developed. The government refused! Enough said!

Wherein lies the problem in so many of these issues? It is the blend of societal indifference compounded by a government paternalism which exists even to this day.

Substance Addiction

For instance, take substance addiction, a problem throughout Canada. How do we deal with it in remote Northern Aboriginal communities? We do so largely by sending those addicted to treatment centers down south, despite all the added stress this places on young people who have never been away from home, ironically repeating the failed policy of the residential schools—i.e., that you must leave your community in order to receive help.

There has to be a better way? At least the Ministry of Health in Nunavut thinks so!

Last fall in Cambridge Bay a new substance addictions pilot project was launched. The program trains Inuit Elders as counsellors who in turn provide treatment rooted in traditional values. They mentor patients and organize traditional activities like ice fishing to relieve the stress. By integrating community elders and traditional values, patients are provided regular access to a support network that is open and familiar to them. Of course the elders are not experts in every facet of addiction. But by all accounts the treatment is an improvement. And why, in the name of common sense, if other experts are required, can't they be available on site?

Cultural Identity and Health

A last point on health. There can be no greater example of paternalism than the question too many ask when confronted with the insistence by Aboriginal Canadians on the retention of their languages, their traditions, and their culture. That question is: "Why can't they be more like us?"

My normal reaction to that question is to ask: "Why in heaven's name should they be?"

But of course there are deeper answers, beginning with the injustice of one society trying to take away another's culture. In failing to understand a people's need for their identity to be grounded in their traditions, languages, and culture, we end up dismantling their sense of belonging and confidence. As a result, they lose resilience and hope, and become enveloped in a sense of isolation, the root cause of addiction, and, too often, worse.

For instance, the suicide rate among First Nations youth is six times that of other Canadian youth and incredibly the multiple is even higher for Inuit.

However a recent study among British Columbia First Nations showed that whereas the staggering suicide rates exist in communities where language skills have declined, in other communities where native culture flourishes the youth suicide rate is much lower, in fact close to nil! The reason for this is not hard to find and it is one more argument for the inherent right of self-government: that control of one's destiny and confidence in one's identity is essential if a people is to thrive.

That's why they shouldn't have to be more like us!

This reasoning applies to the health care system. It applies ever more so to the education system.

Education

The most effective way to respond to the current marginalization of the First Peoples of Canada is through the improvement of educational outcomes. For this reason one of the goals of the Kelowna Accord was to close the staggering high school graduation gap between Aboriginal students and others by 2016. Unfortunately we have now lost almost seven years towards this goal.

There are many reasons for the poor outcomes. One of the most important, is the discrimination evident in the shortfall in federal government funding of on-reserve schools, which in some provinces is in a range of 20–30% per capita when compared to the greater funding provided by the provinces to schools in their jurisdiction.

Indeed in some provinces the shortfall is even higher. For instance, Premier Wall of Saskatchewan and Chief Perry Bellegarde of the Federation of Saskatchewan Indian Nations recently announced that they were joining forces to convince Ottawa to bridge the "40–50% gap"[4] that exists in their province.

As a result of these funding shortfalls, First Nations students across the country attending on-reserve schools can be taught by unqualified teachers, they often do not have school libraries, proper gymnasiums or science and computer labs. There are virtually no specialists and few programs for students with disabilities. Finally, as if all of this was not bad enough the physical conditions of many schools are so grim that most Canadian parents would not allow their children on the premises.

The question here is not simply why shouldn't a school on reserve receive equal per capita funding when compared to a public school ten kilometres away? That should be a given! Free elementary and secondary school education is a universal right in Canada. Given the requirement that exists for catch up funding, the more pertinent question is: why are reserve schools not receiving their funding based on need?

What is the reason the Federal government refuses to properly fund reserve schools? Well the first thing you will hear is that we have a deficit. I know a little bit about deficits! And let me tell you: there is spending you can delay and make up later in order to deal with a faulty balance sheet. But when you delay the funding that enables six year olds to learn how to read and

4. Janet French, "FSIN, province push for equal education funds." *The Star Phoenix*, August 24, 2013.

write by grade three, you are telling them that they will have to play catch-up for the rest of their lives. And no government has the right to do that.

I defer to no one on the issue of the intergenerational unfairness of deficits. But to balance the books on the backs of the education needs of the most vulnerable segment of our population is not only immoral, it is an economic absurdity. The fact is Canada's aging population cannot afford to waste a single talent, certainly not the talents of the youngest and fastest growing segment of our population. For instance, in 2016, the number of Aboriginal students in Manitoba entering grade one will be over 30%. In Saskatchewan 45% of all students entering kindergarten that year will be Aboriginal. So if anyone thinks this is not an economic issue, they had better think again.

What is needed?

The Aboriginal education system requires three things: it needs adequate funding; it needs to be freed from the government paternalism that makes it impossible for the growing body of skilled Aboriginal professionals to take ownership of the effort; and it needs a partnership with Canadians to accelerate the process.

With the latter in mind, let me tell you about the initiative some of us started five years ago. While accessible education at our colleges and universities, our technical and vocational institutes has improved dramatically for Aboriginal students in the last two decades, unfortunately, the same cannot be said for the pillars on which all of this higher education is built. For this reason, when we created the Martin Aboriginal Education Initiative, we did so to focus on elementary and secondary school outcomes on and off reserve.

One of our courses is the Aboriginal Youth Entrepreneurship Program. Its goal is to teach Aboriginal students the elements of business, everything from marketing to bookkeeping, from how to raise money to how to close a sale. We started at a First Nations high school in Thunder Bay. Over the past five years, the program has expanded dramatically. It is now in eighteen schools, in seven provinces and one territory, and I am happy to tell you that this month we announced the introduction of the program in ten new schools in Saskatchewan.

One of the reasons for the success of the program is quite instructive. It has everything to do with the decision we made to develop the only set of Aboriginal business workbooks and textbooks in North America, if not the world. Workbooks and textbooks in which young First Nations, Métis, and Inuit students can see themselves. Books that build bridges.

Another one of our initiatives is the Accounting Mentorship Program, which encourages Aboriginal youth to complete high school and pursue professional or business careers including accounting. We partnered with the former Canadian Institute of Chartered Accountants (CICA), now the Chartered Professional

Accountants of Canada and seven national accounting firms who provide mentors through their local offices. Currently, the program is offered to more than forty students in thirteen high schools, in nine cities and four provinces. Its goal is to provide mentorships such that Indigenous students, who would otherwise never have the chance, can see the opportunities that could be open to them, if they pursue—and succeed—at their education.

Another program targets the gap between Aboriginal and non-Aboriginal Canadians which begins in elementary school. This program—the Model Schools Pilot Project—seeks to improve the teaching of literacy in the crucial early years on two South-Western Ontario reserve schools. The programs are based on teaching strategies and resources that originated in the Province of Ontario's turn-around elementary schools. As a result, we've seen a tremendous improvement both in students' reading and writing levels. Indeed many of the students are now achieving at a higher level than the Ontario average. This is real progress. It's happening on a small scale at the moment, but lives and futures are being changed.

Furthermore, in light of the fact that many children do not have access to the extra support the Model Schools Project provides, we are currently looking to develop a Later Literacy program as well which would work with older elementary school age children whose limited reading abilities could lead to their dropping out of school.

Finally, another valuable lesson arising out of the Model Schools Project is the importance of strong leadership skills within a school. In response to this— and at the request of many First Nations educators—we are examining the need to develop a Principal's Course, to help school leaders build the organizational capacity for increasing student achievement.

You will note how the success of one program leads to the demand for another and then another. The reason for this is not hard to find. The desire to improve the system is huge and once those teaching in Aboriginal schools see success in one area, it opens the floodgates.

That's the good news! The problem is that foundations, corporations, and groups like ours can do a lot, but if the federal government continues to underfund education for on-reserve schools, those schools will continue to fall behind no matter what we and others do, and ultimately it is all of our children who will bear the cost.

Finally, there is one other education program I would like to mention. It arises out of the overwhelming need to increase public awareness of the issues facing Aboriginal Canadians. So far I've been talking about teaching Aboriginal students. Well this is a two-way street. There are areas where non-Aboriginal students can use a leg up too. Quite simply we don't teach Canadian history very well and Aboriginal history barely at all.

In response we have partnered with Free the Children, the NGO founded by the Kielburger brothers and together we've developed the We Stand Together Campaign which teaches Aboriginal history. It has been a huge success and today the program is being taught in some 500 elementary and secondary schools across Canada.

Why is this so important? Why is it important that we understand the history of our land, in all of its shades and facets?

It is important because only if we know where we've been, will we be able to wrap our minds around the challenges that today confront the Aboriginal People of Canada and set our hearts to the cause of building the country.

The Economy

Earlier I made the point that adequate funding of Aboriginal education is not only a moral issue, it is also an economic issue, given the growth rate of the Indigenous population of Canada. It is an economic issue for another reason as well. And that is the world's thirst for our natural resources.

Across our country, there are some $650 billion worth of natural resource projects underway or planned for the next decade, mainly on or near traditional Aboriginal territories.[5] That these have been or

5. "Canada Energy Summit 2012," Natural Resources Canada, http://www.nrcan.gc.ca/media-room/speeches/2012/6736

will be the subject of extensive negotiation is beyond question. But let us not delude ourselves into thinking that this debate will be on colonial terms. Those days are over and so they should be.

What is sometimes difficult for those of us who are not Indigenous to understand is the spiritual nature of the Aboriginal connection to the land. Indeed the concept of preserving ancestral land and culture has been shared by Indigenous people the world over.

Unfortunately the goal of the colonial powers has been to take possession of that land by any means possible. And mostly they've succeeded.

This has always been an unfair fight—we have always known that. But now, however, we are beginning to understand that, in winning the battle, we may have lost the war. For the earth's climate, its fish stocks, and its environment are more fragile than many of us thought.

Indigenous peoples are not anti-development. They just want to leave something for the next generation. They call it their traditional values. We have only recently rediscovered those values. We call it being socially responsible. I like their way of looking at it better!

Clearly the future of a significant part of our economy now depends on how we manage the storehouse of natural resources that lie beneath the ground and in the seas that surround us. Historically the drive for economic growth has paid scant attention to sustainable development and as a result, too often it has been the Indigenous populations that have borne the burden of this, for the simple reason that much of these natural resources flow through, under and near their communities.

Thankfully things are changing, as the courts and the constitution have played an important role in protecting Aboriginal land rights. But that is not enough.

I recently spoke with a group of Aboriginal students at a high school where we had launched our business program. They were pro-resource development. But they wanted their communities to benefit from it, not to suffer from it.

Their focus was less on grievances and injustices arising from past behaviour, and more and more on what lay ahead. They spoke of their desire for opportunity, but also for choice. They placed enormous value on not just 'fitting into' the old industrial economy, but rather in building their future careers in sustainable industries, resource and non-resource companies that seek to grow and are profitable. But also recognize that the wanton depletion of natural capital and the gutting of social cohesion are just not on.

In most cases there is no difference on this issue between young Aboriginal and non-Aboriginal Canadians. But there is a difference in whether the opportunity to benefit will be there for both. At the present time, it is not.

Changing the Course of History

So how do we address this?

We do so by changing the course of history.

We do so by recognizing that natural resource development must be an opportunity to ensure that the status quo is abandoned—in favour of change for the better.

We do so by ensuring that Aboriginal Canadians are at the table from the beginning of the development process on their lands.

We do so by ensuring that they are included as key participants, not just as labourers but also as skilled workers, managers, and owners.

We do so by confronting the consequences of our colonial past which continue unfortunately even unto today.

We do so by refusing to condone the repetitive breach of treaty rights, the damage arising from the *Indian Act*, and the political refusal to accept the inherent right of self-government.

We do so by refusing to accept the overt discrimination in the provision of the country's fundamental rights: in children's welfare, in universal healthcare, and in universal primary and secondary school education.

We do so by recognizing that whether our ancestors have been here since time immemorial or whether we arrived on these shores yesterday, that we must build this country together. That is how we will change the course of history!

We have learned much, as the years have unfolded, about ourselves, about our country and about the First Peoples of this land.

For what the founding Fathers accomplished we will be forever in their debt. But the issues of rights, fairness, and equality are not to be judged today as they were then. This is not 1863; it is 2013. This is not the 19th century; it is the 21st.

Our forefathers met the challenges as they saw them in their time.

Let us not be afraid to meet the challenges as we see them in our time!

Presentation of the Symons Medal, 2013. Left to right: Wayne Hambly (Chair of the Board, Confederation Centre of the Arts), Claude Métras (Quebec member of the Confederation Centre Board and co-chair of the Symons Medal ceremony), the Right Honourable Paul Martin, the Honourable Robert Ghiz (Premier of Prince Edward Island).

Left to right: George Kitching (co-chair of the Symons Medal committee), Wayne Hambly (Chair of the Board, Confederation Centre), Jessie Inman (CEO, Confederation Centre), Harvey McCue, the Right Honourable Paul Martin, the Honourable Robert Ghiz (Premier of Prince Edward Island), Claude Métras (Quebec member of the Confederation Centre Board and co-chair of the Symons Medal ceremony).

Afterword
The Proof is in the Bannock: The Cree Nation as a Model of Self-Government

Harvey McCue

Your Honour, Frank Lewis, Lieutenant Governor of Prince Edward Island and Mrs. Dorothy Lewis, Premier Robert Ghiz and Dr. Kate Ellis-Ghiz, Chief Justice David Jenkins and Mrs. Nora Jenkins, Chief Tom Francis, Senators, MPs, MLAs, Board Members of the Confederation Centre of the Arts, Tom and Christine Symons, special guests, ladies and gentlemen. And to my Mikmaw brothers and sisters, Gwe.

It's an honour to be invited by the Confederation Centre of the Arts to thank the Right Honourable Paul Martin, this year's recipient of the Symons Medal, for his compelling, thoughtful State of Confederation lecture. It is fitting in the year of the 250th anniversary of the Proclamation of 1763 and the 200th anniversary of the death of the great Shawnee leader, Tecumseh, that Mr. Martin, the 12th Symons Medalist, has addressed a topic of national importance but one that continues to elude the grasp of most Canadians and our national and provincial governments. As Canada's 21st prime minister and as the architect of the 2005 Kelowna Accord, that historic consensus he achieved among provincial premiers, First Nations, Inuit and Métis leaders, his insight into the challenges is unassailable. He continues to sharpen his understanding of the issue through the national Martin Aboriginal Education Initiative and his participation in the Capital for Aboriginal Prosperity and Entrepreneurship Fund.

So why is this topic so elusive for our fellow citizens and governments? Well, as Mr. Martin suggests, our governments but particularly our national government, need to recognize that federal legislation for self-government is essential to enable Aboriginal communities to break free from the restraints of the past 100 years. Can it be that simple—pass legislation that re-establishes the right of Aboriginal communities to be self-governing? And, most of all, is there any hope that it would do what we would want it to do? Reasonable questions that demand answers and, preferably, proof. Well, as my old Nokum was fond of saying, the proof is often in the bannock, and, so, let's have some.

Across Canada there are several examples to back up Mr. Martin's emphasis on self-government, but none as eloquent as the Cree of James Bay in northern Quebec. And I would like to share that example with you. Since the historic signing of the James Bay and Northern Quebec Agreement in 1976, and the subsequent passing of the federal *Cree-Naskapi Act* in 1984—a federal act, by the way, that acknowledged and entrenched the rights of the Cree people in James Bay to govern themselves, legislation that is unparalleled in any other jurisdiction in Canada—the Cree nation in northern Quebec has achieved remarkable political and economic successes. Here are some examples that bear this out:

- The Cree Board of Compensation exists to manage the $250 million settlement from the 1976 James Bay and Northern Quebec Agreement. And through its business arm, the Cree Regional Economic Enterprises Corporation (CREECO), it manages a host of Cree corporations and companies including their own air line, Air Creebec, Cree Construction, a construction company that competes for contracts nationally and locally, Cree Energy, a company devoted to exploring new energy sources, and Valpiro, an aircraft maintenance outfit.
- The Eeyou Corporation manages the $240 million received under the La Grande 1986 Agreement and invests in community development and economic development ventures.
- The Cree Development Corporation set up under the 2002 New Agreement with Quebec, the *Paix des Braves*, is a vehicle for investment in economic ventures in the Territory using the $139 million funding for the first three years of the Agreement and the $70 million minimum annually from 2005–2052.

- Cree Human Resources Development provides job search services, administers employment insurance and provides training funding.
- The Regional Economic Development Agent for the Cree Regional Authority works in cooperation with all of the above-mentioned entities in promoting Cree employment, Cree contracts in development, and the setting up of new Cree companies.

The Cree nation also supports its own Health Board and its own *commission scolaire*, the Cree School Board. Governed by Cree who are elected from the Cree communities, both boards are responsible to the Cree nation for the provision of hospital and dental services and all elementary, secondary and adult education in its nine communities.

In addition to these vital agencies, the Cree nation maintains several key departments: the Department of the Environment, a Department of Traditional Pursuits that enables Cree hunters and trappers to engage in their traditional economy through a system of guaranteed fur prices, and the Department of Community Services that manages Cree Tourism, the Cree Craft Association, and the fire protection services for all nine Cree communities. And this is accomplished without surrendering or diminishing either their language or their fundamental Cree values.

The Cree Grand Council, an umbrella political body, comprised of elected representatives from the nine Cree communities, sets the Cree nation's political agenda and serves, on its behalf, as the principal negotiator with the different levels of government outside of its territory with which it interacts.

These and numerous smaller, community-based initiatives provide the Cree nation with a robust, sustainable economy, all in a territory that Quebec Premier Robert Bourassa, in 1971, somewhat cavalierly dismissed as a vast, vacant land hosting only black flies and mosquitoes!

The political foundation for this broad economic and social infrastructure is the *Cree Naskapi Act*. It establishes Cree jurisdiction, the political and legal authority, for Cree local and regional governments. Governments that are accountable to the Cree nation, and only the Cree nation, and its members. So by any acceptable measure, the Cree nation is prospering economically. Its political future will be in the hands of the Cree, alone. They are, without doubt, *maîtres chez nous*.

Now this all sounds marvellous, and for the most part, it is. It's certainly a prime example of what Aboriginal folks can do with the appropriate tools. But it would be foolish to suggest it's perfect. It's not. But where in the world does political and economic perfection exist? Like most jurisdictions, the Cree still struggle to ensure that all their citizens are properly housed, and that their youth value formal education. And they wrestle continually to ensure that their economic developments respect their historic and traditional values regarding the land. So, like everyone else in the world, they still have work to do.

But the principal message underlying the Cree success is Mr. Martin's assertion that self-government for Aboriginal people is a critical—no, make that an *essential*—stepping stone to self-sufficiency, the reinforcement of cultural identity, and the ability to move forward with pride, confidence, and agility. But as Mr. Martin reminds us, underfunding has been and continues to be a serious impediment to Aboriginal self-sufficiency.

Entrenching Aboriginal self-government without an appropriate commitment to adequate funding will severely reduce if not dilute totally its potential benefits. There can be no question that, as vital as the *Cree-Naskapi Act* has been to Cree autonomy and economic success, the funding they negotiated, federally and provincially, beginning in 1976—and which they continue to negotiate—enabled them to fulfil the aims and objectives of that historic act. Kelowna acknowledged that. And if we, as a nation, are to enable Aboriginal people to become equal and successful participants in the Canadian dream, we must acknowledge it too.

I would like to thank Mr. Martin again for his insight and wisdom, and for reminding us that the future of Aboriginal people need not be a continuation of status quo, and that the elements for change and success are within our grasp.

Thank you, *Meegwitch, Welaylin.*

Biographical Notes

The Right Honourable Paul Martin

The Right Honourable Paul Martin was the 21st Prime Minister of Canada from 2003 to 2006, Minister of Finance from 1993 to 2002 and he served as the Member of Parliament for LaSalle-Émard in Montréal, Québec from 1988 to 2008.

During his tenure as Minister of Finance, he erased Canada's deficit, which was the worst of the G7 countries, subsequently recording five consecutive budget surpluses while paying down the national debt and setting Canada's debt-to-GDP ratio on a steady downward track. He also introduced the largest tax cuts in Canadian history and the largest increases in the federal government's support for education, and research and development. In conjunction with his provincial counterparts, he restored the Canada Pension Plan, securing it for future generations. He also strengthened the regulations governing Canada's financial institutions, with the result that Canada is now viewed as an international model for sound financial regulation. In September 1999, Mr. Martin was named the inaugural chair of the Finance Ministers' G-20, an international group of finance ministers and central bank governors. As Prime Minister he pushed strongly for its elevation to the Leaders' level, which subsequently occurred in 2008. In the G7 and as a governor of the World Bank and the IMF he led the battle to forgive the onerous debt of African countries.

During his tenure as Prime Minister, Mr. Martin set in place a ten-year, $41 billion plan to improve health care and reduce wait times; signed agreements with the provinces and territories to establish the first national early learning and child care program and created a new financial deal for Canada's municipalities. Under Mr. Martin's leadership in November 2005, the Canadian Government reached an historic consensus with Canada's provinces, territories, First Nations, Métis Nation and Inuit leaders that would eliminate the gaps between Aboriginal and non-Aboriginal Canadians in the areas of health, education, housing and economic opportunity. This agreement became known as the Kelowna Accord. Further, he introduced the *Civil Marriage Act* which redefined the traditional definition of marriage to include same-sex couples. He reached out to a number of world leaders in an effort for them to accept the Canadian-initiated Responsibility to Protect.

Since leaving office, Mr. Martin and the former President of Mozambique, Joaquim Chissano, co-chaired a high-level panel responsible for submitting a report on a new strategic vision for the African Development Bank, following upon an earlier United Nations panel report on private sector investment in the Third World, which he co-chaired with former Mexican President Ernesto Zedillo.

Currently, Mr. Martin sits on the advisory council of the Coalition for Dialogue on Africa, an initiative that examines the critical issues facing the continent. It is sponsored by the African Union, the UN Economic Commission for Africa and the African Development Bank. Mr. Martin chairs the $200 million British-Norwegian-Canadian poverty alleviation and sustainable development fund for the ten-nation Congo Basin Rainforest.

He is also a commissioner for the Global Ocean Commission, whose mandate is to formulate politically and technically feasible short-, medium- and long-term recommendations to address four key issues facing the high seas: overfishing, large-scale loss of habitat and biodiversity, the lack of effective management and enforcement, and deficiencies in high seas governance.

Domestically, Mr. Martin and his family founded the Martin Aboriginal Initiative, established to identify issues impacting Aboriginals Canadians. To date, its two divisions target the education opportunities for Aboriginal students through the Martin Aboriginal Education Initiative (MAEI) and developing business expertise and mentoring for Aboriginal business through the Capital for Aboriginal Prosperity and Entrepreneurship (CAPE) Fund.

Prior to entering politics, he had a distinguished career in the private sector as a business executive at

Power Corporation of Canada in Montreal and as the Chairman and Chief Executive Officer of The CSL Group Inc., which operates the world's largest fleet of self-unloading vessels and offshore transshippers. Its acquisition by Mr. Martin in 1981 represented the most important leveraged buyout in Canada at that time.

Mr. Martin graduated in honours philosophy and history from St. Michael's College at the University of Toronto and is a graduate of the University of Toronto Faculty of Law. He was called to the Ontario Bar in 1966.

In December 2011, he was appointed as a Companion to the Order of Canada.

He married Sheila Ann Cowan in 1965. They have three sons: Paul, Jamie and David, and four grandchildren: Ethan, Liam, Finn and Sienna.

Harvey McCue
Harvey McCue (Waubageshig) is the Vice-Chairman of the Ontario Heritage Trust and is a consultant on aboriginal affairs in health, education, self-government, gaming, public relations and economic development. A member of the Georgina Island First Nation in Ontario, he helped to found and develop the Native Studies Department at Trent University, where he taught for fourteen years, from 1969 to 1983. He served as Director of Education Services for the Cree School Board in Northern Quebec (1983–1988),

overseeing schools in eight Cree communities. In 1988, Mr. McCue became the first First Nations Director General of Indian Education at Indian and Northern Affairs Canada in Ottawa, where he served for five years. He also assisted the Mi'kmaq nation in Nova Scotia as the first Chief Executive Officer and founder of the Mi'kmaq Education Authority. Mr. McCue also founded First Nations Youth at Risk, a charitable Aboriginal organization that provides grants for youth at risk, and served as its President and National Coordinator.

Confederation Centre of the Arts Symons Medalists 2004–2014

2004   The Honourable Jean Charest
2005   The Honourable Roy McMurtry
2006   Mark Starowicz
2007   The Honourable Peter Lougheed
         The Honourable John Crosbie
2008   Ian Wilson
2008   The Right Honourable Beverley McLachlin
2009   Mary Simon
2010   The Right Honourable David Johnston
2011   Dr. Ivan Fellegi
2012   Dr. David Suzuki
2013   The Right Honourable Paul Martin
2014   His Royal Highness The Prince of Wales

La médaille *Symons* a été créée pour le Centre des arts de la Confédération par Dora de Pédery-Hunt, C.M. et O. Ont. (1913-2008), sculpteure canadienne, célèbre pour ses sculptures sur médailles et pièces de monnaie.

Collection de la médaille Symons

L'une des plus prestigieuses distinctions au Canada, la médaille Symons est décernée chaque année par le Centre des arts de la Confédération, l'institution commémorative nationale établie en l'honneur des Pères de la Confédération, à un lauréat ayant contribué de façon exceptionnelle à la société canadienne. L'attribution de la médaille Symons est l'occasion, pour le lauréat, de prononcer une grande conférence sur l'état de la Confédération canadienne et sur sa place dans le monde. Il s'agit là d'une plateforme nationale permettant de discuter de l'état actuel et futur de la Confédération et de ses perspectives sur la scène internationale contemporaine. La Collection de la médaille Symons, publiée conjointement par le Centre des arts de la Confédération et par les Presses de l'Université d'Ottawa, a pour but de rendre les conférences prononcées lors de l'octroi de la médaille Symons disponibles à un plus vaste public et de prolonger leur effet auprès du lectorat canadien. Ainsi ces conférences pourront-elles contribuer en permanence à la culture canadienne et à l'avenir de la Confédération canadienne.

Directeur de la Collection de la médaille Symons :
Ralph Heintzman

Le Canada et le Canada autochtone aujourd'hui
Changer le cours de l'histoire

Le très honorable Paul Martin

Lauréat de la médaille Symons en 2013

Le Canada et le Canada autochtone aujourd'hui

Changer le cours de l'histoire

Centre des arts de la Confédération

Charlottetown, Île-du-Prince-Édouard

Les Presses de l'Université d'Ottawa

u Ottawa

CENTRE DES ARTS DE LA CONFÉDÉRATION

Les Presses de l'Université d'Ottawa (PUO) sont fières d'être la plus ancienne maison d'édition universitaire francophone au Canada et le seul éditeur universitaire bilingue en Amérique du Nord. Fidèles à leur mandat original, qui vise à « enrichir la vie intellectuelle et culturelle », les PUO proposent des livres de qualité pour le lecteur érudit. Les PUO publient des ouvrages en français et en anglais dans les domaines des arts et lettres et des sciences sociales.

Les PUO reconnaissent l'aide financière du gouvernement du Canada par l'entremise du Fonds du livre du Canada pour leurs activités d'édition. Elles reconnaissent également l'appui du Conseil des arts du Canada et de la Fédération canadienne des sciences humaines par l'intermédiaire des Prix d'auteurs pour l'édition savante. Nous reconnaissons également avec gratitude le soutien de l'Université d'Ottawa.

Les Presses de l'Université d'Ottawa sont fières de s'associer au Centre des arts de la Confédération pour publier ce volume inaugural de la Collection de la médaille Symons, qui honore des personnes ayant contribué de façon exceptionnelle à la société canadienne.

Traduction : Caroline Lavoie
Correction d'épreuves : Nadine Elsliger
Mise en page : Édiscript enr.
Maquette de la couverture : Johanna Pedersen et Lisa Marie Smith
Illustrations et photo page couverture : Paul Martin (photographe Dave Chan)
Détail sur couverture et intérieur : Charlottetown revisitée, 1964, par Jean Paul Lemieux (1904-1990), huile sur toile, 197,2 × 380,4 cm, Commandé avec des fonds de Samuel et Saidye Bronfman, Montréal, 1964 (autorisation de reproduction de Gestion A.S.L. Inc., société détentrice des droits d'auteur de Jean-Paul Lemieux).
Détail sur couverture et frontispice : La médaille Symons a été créée pour le Centre des arts de la Confédération par Dora de Pédery-Hunt (1913-2008), sculpteure canadienne, rendue célèbre pour ses sculptures sur médailles et pièces de monnaie.
Photos (intérieur) : Louise Vessey

Catalogage avant publication de Bibliothèque et Archives Canada
Martin, Paul, 1938-   , auteur
Le Canada et le Canada autochtone aujourd'hui : changer le cours de l'histoire/Le très honorable Paul Martin, Lauréat de la médaille Symons en 2013 = Canada and aboriginal Canada today : changing the course of history/The Right Honourable Paul Martin, 2013 Recipient of the Symons Medal.

(Collection de la médaille Symons = The Symons Medal series)
Comprend des références bibliographiques et un index.
Publié en formats imprimé (s) et électronique (s).
Texte en français et en anglais disposé tête-bêche.
ISBN 978-0-7766-2253-8. – ISBN 978-0-7766-2255-2 (pdf).
– ISBN 978-0-7766-2254-5 (epub)

1. Autochtones – Canada – Politique et gouvernement. 2. Autochtones – Canada – Relations avec l'État. I. Martin, Paul, 1938-. Canada et le Canada autochtone aujourd'hui. II. Martin, Paul, 1938-   . Canada et le Canada autochtone aujourd'hui. Anglais. III. Centre des arts de la confédération, organisme de publication IV. Titre. V. Titre : Canada and Aboriginal Canada today.

E92.M373 2014   323.1197'071   C2014-907577-4F
                                              C2014-907578-2F

Dépôt légal :
Bibliothèque et Archives Canada
Bibliothèque et Archives nationales du Québec
© Les Presses de l'Université d'Ottawa, 2014

Table des matières

Préface

Décernée chaque année par le Centre des arts de la Confédération à un lauréat ayant contribué de façon exceptionnelle à la société canadienne, la médaille Symons est l'une des plus prestigieuses distinctions au Canada.

Fondé en 1964 pour marquer le centenaire de la Conférence de Charlottetown, première étape vers la genèse de la nation canadienne, le Centre des arts de la Confédération est l'institution commémorative nationale établie en l'honneur des Pères de la Confédération. Cent ans plus tôt, ceux-ci se réunissaient à la Province House, l'Assemblée législative de l'Île-du-Prince-Édouard, qui est logée dans un élégant édifice néoclassique, pour discuter de l'union des provinces de l'Amérique du Nord britannique. En 1867, cette union donnait naissance au Canada.

Toute la population du Canada a joué un rôle dans l'établissement du Centre comme institution nationale qui honore les Pères de la Confédération, car toutes les provinces, de même que le gouvernement fédéral, se sont engagées à verser 15 cents par habitant pour sa construction. C'était la première fois que les provinces acceptaient de verser des fonds pour une institution située hors de leurs frontières. Le Centre, qui occupe tout un pâté de

maisons, se trouve à proximité de la Province House, à Charlottetown, site historique de la conférence de 1864. Il comprend plusieurs salles de spectacle, un musée d'art, un restaurant et une boutique de cadeaux.

En tant que seule institution commémorative canadienne établie en l'honneur des Pères de la Confédération, le Centre des arts de la Confédération a pour mandat d'inspirer la population canadienne et de l'inciter à célébrer la naissance et l'évolution de la Confédération canadienne par l'entremise des arts visuels, des arts de la scène, de l'éducation artistique, du patrimoine et des initiatives publiques, comme la médaille Symons. À l'occasion de l'inauguration du Centre par Sa Majesté la reine Élizabeth le 6 octobre 1964, le premier ministre de l'époque, le très honorable Lester B. Pearson, a déclaré : « [Le monument érigé en mémoire des Pères de la Confédération] est un hommage à ces hommes célèbres qui ont fondé notre Confédération. Il est cependant aussi dédié à la promotion de ces choses qui enrichissent l'esprit et ravissent le coeur, ces choses intangibles, mais précieuses qui donnent un sens à la société et aident à en faire une civilisation et une culture. »

La présentation annuelle de la médaille Symons aide le Centre à jouer ce rôle : encourager ce qui confère un sens à la société canadienne et ce qui en fait une civilisation et une culture. Ainsi la population canadienne a-t-elle l'occasion de reconnaître une contribution exceptionnelle à notre société et de réfléchir à son identité et

à son avenir. L'attribution de la médaille est l'occasion, pour le lauréat, de prononcer une grande conférence sur l'état de la Confédération canadienne et sur sa place dans le monde. Il s'agit là d'une plateforme nationale permettant de discuter de l'état actuel et futur de notre pays et de ses perspectives sur la scène internationale contemporaine. La cérémonie de la médaille Symons et la causerie qui l'accompagne ont généralement lieu à l'automne, à Charlottetown, pour marquer l'anniversaire de la rencontre des Pères de la Confédération en 1864.

La médaille a été nommée en l'honneur du professeur Thomas H.B. Symons, grand ami du Centre des arts de la Confédération et membre de son conseil d'administration pendant plusieurs années. Premier recteur de l'université Trent, en Ontario, le professeur Symons est bien connu pour ses recherches en études canadiennes, surtout dans le domaines des politiques publiques, notamment en matière de culture, d'histoire et d'éducation.

Depuis 2004, le Centre des arts de la Confédération a honoré treize grands Canadiens : l'honorable Jean Charest, ancien premier ministre du Québec (2004), l'honorable Roy McMurtry, ancien procureur général et juge en chef de l'Ontario (2005), Mark Starowicz, communicateur distingué (2006), l'honorable Peter Lougheed, ancien premier ministre de l'Alberta, et l'honorable John Crosbie, ancien ministre fédéral et lieutenant-gouverneur de Terre-Neuve-et-Labrador

(2007), Ian Wilson, ancien archiviste national, et la très honorable Beverley McLaughlin, juge en chef du Canada (2008), Mary Simon, dirigeante inuite, ancienne diplomate canadienne et présidente du Conseil de l'Arctique (2009), le très honorable David Johnston, gouverneur général du Canada (2010), Ivan Fellegi, ancien statisticien en chef du Canada (2011), David Suzuki, célèbre écologiste et communicateur (2012), et Son Altesse Royale le Prince de Galles (2014).

En 2013, la médaille Symons a été attribuée au très honorable Paul Martin, ancien premier ministre du Canada, fils de l'honorable Paul Martin père, l'un des parlementaires et personnages publics les plus distingués du Canada, ancien secrétaire d'État aux Affaires extérieures et architecte de l'État providence moderne au Canada. Le très honorable Paul Martin fils, diplômé du collège St. Michael et du Département de droit de l'université de Toronto, est admis au barreau ontarien en 1966. Après une brillante carrière dans le secteur privé, notamment comme président et directeur général du groupe CSL inc., il est élu député de LaSalle-Émard, à Montréal, circonscription qu'il représente à la Chambre des communes de 1988 à 2008. L'un des plus grands ministres des Finances qu'ait comptés le Canada depuis la Seconde Guerre mondiale, il parvient, entre 1993 et 2002, à effacer le déficit annuel du budget fédéral et à engranger des surplus pendant cinq années consécutives. En tant que premier président du G20, il a joué un rôle déterminant dans la création de

ce groupe international de coordination des ministres des Finances et des gouverneurs de banques centrales.

Pendant son mandat comme premier ministre du Canada, de 2003 à 2006, Paul Martin a formulé un plan décennal de 41 milliards de dollars pour améliorer les soins de santé, signé un accord avec les provinces et les territoires pour mettre en place un premier programme national de garderies et de développement de la petite enfance, et conclu une nouvelle entente de financement avec les municipalités canadiennes. L'une de ses réalisations les plus notoires en tant que premier ministre est l'Accord de Kelowna, conclu en novembre 2005, une entente historique entre le fédéral, les provinces et les territoires, d'une part, et les Premières Nations du Canada, la Nation Métis et les dirigeants inuits, d'autre part. Cet accord a permis d'atteindre un consensus pour éliminer le fossé entre Canadiens d'origine autochtone et non autochtone en matière de santé, d'éducation, de logement et de débouchés économiques.

Depuis qu'il a quitté le pouvoir, Paul Martin continue de s'impliquer activement sur la scène internationale, notamment comme coprésident d'un panel des Nations Unies sur l'investissement du secteur privé dans le tiers monde et comme membre du conseil consultatif de la Coalition pour le dialogue sur l'Afrique. Président d'un fonds de réduction de la pauvreté et pour un développement durable dans dix pays du bassin forestier du fleuve Congo, il siège à la Commission Océan mondial.

Au Canada, Paul Martin est demeuré chef de file des questions autochtones qui ont fait l'objet de l'Accord de Kelowna. Sa famille et lui ont notamment mis sur pied l'Initiative autochtone Martin, qui se penche sur des enjeux touchant les Canadiennes et les Canadiens d'origine autochtone. L'initiative a défini deux grandes priorités : la réussite scolaire chez les jeunes Autochtones (Initiative d'éducation autochtone Martin) et l'expertise et le mentorat d'affaires pour les entreprises autochtones (Capitaux pour la prospérité et l'entrepreneurship autochtone). En septembre 2014, il s'est joint à l'ancien premier ministre du Canada, Joe Clark, et à d'autres Canadiens distingués, tant autochtones que non autochtones, pour fonder « Les Canadiens pour un nouveau partenariat », une initiative globale qui incite la population canadienne à tisser des liens dans l'optique d'un nouveau partenariat entre les Premiers Peuples et les autres Canadiennes et Canadiens. L'initiative a pour but d'améliorer les conditions de vie, l'éducation et les débouchés économiques offerts aux peuples autochtones du Canada.

En octroyant la médaille Symons au très honorable Paul Martin en 2013, le Centre des arts de la Confédération l'honore pour ses remarquables réalisations et sa contribution exceptionnelle à notre société : brillante carrière d'homme d'affaires, place prédominante parmi les plus grands ministres des Finances qu'ait compté le Canada et rôle joué comme vingt et unième premier ministre du Canada, notamment

comme chef de file des enjeux affectant les Canadiennes et Canadiens d'origine autochtone. Il est notable que Paul Martin ait choisi de consacrer la causerie qu'il a animée à l'occasion de la remise de la médaille Symons au Canada et au Canada autochtone d'aujourd'hui. Il y explique comment il a pris conscience de l'importance de la justice pour les peuples autochtones du Canada lorsqu'il suivait les cours d'histoire du professeur Symons à l'Université de Toronto dans les années 1950. S'appuyant sur son savoir et son vécu, il se penche sur les enjeux du Canada d'aujourd'hui, sur ses racines historiques et sur les priorités contemporaines en matière de politiques. Mais par-dessous tout, il lance un appel urgent, éloquent et bien informé aux Canadiennes et aux Canadiens, les conviant à agir avec imagination, générosité et courage comme l'ont fait les Pères de la Confédération lors de la Conférence de Charlottetown en 1864.

Le Centre des arts de la Confédération a de la chance d'avoir pu compter sur Harvey McCue pour répondre à la conférence prononcée par le très honorable Paul Martin lors de la remise de la médaille Symons. Vice-président de la Fiducie du patrimoine ontarien, Harvey McCue est consultant en affaires autochtones dans les domaines de la santé, de l'éducation, du gouvernement autonome, de l'industrie du jeu, des relations publiques et du développement économique. L'un des fondateurs du Département d'études autochtones à l'Université Trent, il a été le premier directeur général

autochtone de la Section de l'éducation autochtone au ministère canadien des Affaires indiennes et du Nord.

Directeur des services d'éducation de la Commission scolaire crie du Nord du Québec entre 1983 et 1988, Harvey McCue est bien placé pour décrire l'expérience de la Nation crie et appuyer la thèse de M. Martin voulant que le progrès futur des peuples autochtones du Canada dépend de l'atteinte de diverses formes d'autonomie gouvernementale. Il avance en effet que le gouvernement autonome exercé par les Cris, dans le sillage de la *Convention de la Baie-James et du Nord québécois* (1976) et de la *Loi sur les Cris et les Naskapis du Québec* (1984), a permis à cette Nation de connaître un remarquable succès, tant sur le plan politique qu'économique, au cours des trois décennies qui ont suivi. Pour Harvey McCue, l'exemple de la Nation crie du Québec appuie largement les conclusions de Paul Martin et démontre qu'un gouvernement autonome, accompagné d'un financement adéquat, est une condition essentielle au progrès des Autochtones au Canada.

Le Centre des arts de la Confédération estime que la conférence du très honorable Paul Martin lors de la remise de la médaille Symons en 2013 représente une contribution majeure au débat sur le rôle des peuples autochtones dans le Canada d'aujourd'hui et de demain.

En publiant cette conférence, le Centre cherche à accroître son rayonnement comme institution commémorative nationale des Pères de la Confédération. Ce

faisant, il remplit sa mission, qui est de célébrer la fondation et l'évolution de la Confédération canadienne, de même que «ces choses précieuses qui donnent un sens à la société et aident à en faire une civilisation et une culture».

Le Centre des arts de la Confédération espère que la publication de la conférence prononcée par le très honorable Paul Martin lors de la remise de la médaille Symons en 2013 alimentera le débat national sur l'avenir du Canada et du Canada autochtone. Ainsi, en connaissant mieux les racines historiques des grands défis qui confrontent notre pays, les Canadiennes et les Canadiens seront-ils plus nombreux à réfléchir sur les questions de justice et d'égalité pour les Autochtones du Canada aujourd'hui.

Le Centre espère aussi faire perdurer la portée de cette conférence, car cette déclaration, de grande valeur pour la culture canadienne, sera longtemps pertinente pour les politiques publiques. Le Centre compte désormais publier les conférences prononcées à l'occasion de la remise de la médaille Symons, afin que ces allocutions soient mises à la disposition d'un public plus vaste et sans cesse renouvelé. Ainsi ces conférences pourront-elles contribuer en permanence à la culture canadienne et à l'avenir de la Confédération de notre pays.

RALPH HEINTZMAN

Introduction

L'honorable Robert Ghiz
Premier ministre de l'Île-du-Prince-Édouard

Honorables invités, très honorable Paul Martin, distingués convives, membres du Groupe fiduciaire des édifices des Pères de la Confédération, Mesdames et Messieurs.

Au nom du gouvernement de l'Île-du-Prince-Édouard, je suis ravi de vous souhaiter la bienvenue. Je suis très fier de vous voir en si grand nombre cet après-midi pour cette grande causerie sur l'état de notre Confédération.

Cette allocution, présentée par de distingués conférenciers de partout au pays, ne serait possible sans l'appui du Groupe fiduciaire et du Centre des arts de la Confédération, que je remercie et félicite une fois encore d'avoir organisé cet événement.

Encourager la discussion et le débat sur les enjeux qui touchent notre pays distingue le Canada comme un endroit où il fait bon vivre. Un pays, faut-il le rappeler, qui a été créé dans le sillage de la Conférence de Charlottetown en 1864, dont nous célébrons le 150e anniversaire en 2014.

C'est un honneur pour moi d'accueillir aujourd'hui notre conférencier, le très honorable Paul Martin, vingt

et unième premier ministre du Canada et ancien chef
du Parti libéral du Canada.

Oui, un véritable honneur que de le recevoir à
l'Île-du-Prince-Édouard. Député de LaSalle-Émard
de 1988 à 2008, il a été ministre des Finances et a
apporté maints changements à la structure financière
du Canada, effaçant notamment le déficit du budget
fédéral, qui était alors le pire parmi les pays membres
du G7, et engrangeant des surplus budgétaires pendant cinq années consécutives. Il a également renforcé
la réglementation régissant les institutions financières
canadiennes, qui ont fait du Canada un modèle pour
le monde contemporain. Il a présidé aux plus grandes
réductions d'impôt de l'histoire du Canada et à la plus
forte croissance des investissements en éducation, en
recherche et en développement. De concert avec ses

homologues provinciaux, il a rétabli le Régime de pensions du Canada pour les générations à venir.

Sous sa gouverne, en 2006, les provinces et territoires, de concert avec les Premières Nations, la Nation Métis et les dirigeants inuits, ont signé l'Accord de Kelowna, une entente visant à éliminer le fossé entre Canadiennes et Canadiens d'origine autochtone et non autochtone dans les domaines de la santé, de l'éducation, du logement et des débouchés économiques.

De nos jours, Paul Martin poursuit son rôle de chef de file sur la gestion des enjeux critiques qui se posent au continent africain.

Il a également mis sur pied l'Initiative d'éducation autochtone Martin, qui cherche à réduire le taux de décrochage chez les jeunes Autochtones et ainsi augmenter le nombre d'étudiants autochtones dans les établissements d'enseignement postsecondaire.

En décembre 2011, il a été nommé Compagnon de l'Ordre du Canada, en reconnaissance des services rendus au pays.

Encore une fois, c'est un grand honneur pour moi de recevoir l'ancien premier ministre Paul Martin et d'avoir l'occasion de mieux connaître ses idées et pensées sur la Confédération et les peuples autochtones du Canada.

Distingués invités, Mesdames et Messieurs, souhaitons ensemble la meilleure des bienvenues au très honorable Paul Martin.

Le Canada et le Canada autochtone aujourd'hui : changer le cours de l'histoire

Le très honorable Paul Martin

Lieutenant-gouverneur Lewis, Monsieur le premier ministre Ghiz, Monsieur le juge en chef Jenkins, chers sénateurs, députés fédéraux et provinciaux, membres du conseil d'administration du Centre des arts de la Confédération, Mesdames et Messieurs.

Avant de commencer, laissez-moi vous rappeler que nous sommes réunis ici aujourd'hui sur le territoire traditionnel des peuples Mi'kmaq.

J'en profite aussi pour féliciter Wayne Hambly, président du Groupe fiduciaire des édifices des Pères de la Confédération, de même que George Kitching et les membres du comité de sélection de la médaille Symons, Jessie Inman, directrice générale du Centre des arts de la Confédération, et tous celles et ceux qui ont contribué à l'organisation de cette agréable causerie.

Je suis tout à fait ravi de cette occasion de revoir Tom et Christine Symons. Lorsqu'il était le tout nouveau et très jeune président de l'Université Trent, Tom Symons a révolutionné le milieu de l'enseignement des études autochtones postsecondaires au Canada, une tâche qui

n'était pas facile. Il a dû se battre contre la plus rétrograde des idées conventionnelles, ce mépris hautain voulant que les études autochtones ne représentent aucun intérêt, hormis quelques découvertes archéologiques. Cela ne l'a pas empêché de persévérer et de triompher. Il ne s'est pas contenté d'enseigner l'histoire, il a écrit l'histoire.

Je ne surprendrai personne en exprimant toute la fierté que m'inspire la médaille Symons et vous comprendrez à quel point je suis honoré de prononcer la causerie Symons de cette année qui portera sur l'état de la Confédération et du Canada autochtone. Vous serez pourtant surpris d'apprendre une chose : c'est que j'ai hésité avant d'y participer.

En tant que professeur à l'Université de Toronto, Tom Symons a eu une grande influence sur moi. Je le considère comme un grand ami. C'est-à-dire qu'il l'est devenu quand il a eu fini de corriger mes travaux, de critiquer mon style et de me rappeler que les étudiants sont censés se montrer de temps à autre aux séances de travaux dirigés.

Vous comprenez mon dilemme. C'est une chose que de recevoir la médaille Symons. C'est autre chose que d'animer la causerie Symons, donnant ainsi une autre occasion à celui en l'honneur de qui on l'a nommée de mettre du sel sur mes plaies 50 ans plus tard.

Pourtant, me suis-je dit, si je participe à la causerie, je recevrai aussi la médaille, en réparation de toutes les injustices dont j'ai souffert il y a si longtemps. Bon, je commence...

Le paradoxe de la Confédération

Si nous sommes réunis aujourd'hui, c'est pour célébrer la vision d'une poignée d'hommes qui, il y a près de 150 ans, se sont rencontrés dans le but d'unir les Maritimes. Or, ils ont donné naissance à une vision plus large encore quand les délégations du Canada central les ont rejoints.

Le résultat de cette rencontre fut remarquable, car trois ans plus tard naissait la Confédération. Ainsi s'unissaient les descendants de deux nations européennes souvent en guerre l'une contre l'autre, et se rejoignaient une myriade de religions pourtant fort différentes. De cette union, ou grâce à cette union, un nouveau pays ouvrait ses portes au monde, un pays devenu emblème d'égalité et de liberté.

Le paradoxe de la Confédération, c'est que les Premiers Peuples de ce pays, les Premières Nations, la Nation Métis et les Inuits, dont les ancêtres vivent ici depuis des temps immémoriaux, n'ont pas été invités à la fête. Et pourtant, il s'agissait d'acteurs d'importance. La Proclamation royale de 1763, par exemple, dont on fête cette année le 250e anniversaire, reconnaissait les pouvoirs de «diverses Nations et Tribus d'Indiens» de conclure des traités, ce que l'édit royal rendait obligatoire avant de pouvoir coloniser les territoires tribaux. Ce n'était pas là une mince reconnaissance.

Ainsi, tant en 1864 qu'en 1867, les représentants des Autochtones canadiens auraient bien pu demander pourquoi ils n'avaient pas été invités à ces conférences.

Près d'un siècle et demi plus tard, leurs descendants demandent avec toujours plus d'impatience : « Quelle est notre place dans la Confédération actuelle ? »

Pour répondre à cette question, il faut se pencher sur plusieurs enjeux importants liés les uns aux autres. J'en citerai trois, qu'on doit traiter équitablement si l'on souhaite voir un Canada plus fort et plus uni, un Canada où les Premiers Peuples ont vraiment leur place : les traités, la *Loi sur les Indiens* et le droit inhérent à l'autonomie gouvernementale.

Les traités

Tout d'abord, parlons des traités et de leurs différentes perspectives et objectifs.

Perspective autochtone : on conclut un traité pour reconnaître la souveraineté préexistante de « diverses Nations et Tribus d'Indiens ». Ainsi, pour les Autochtones, un traité n'est pas synonyme d'assujettissement, c'est plutôt un accord permettant de coexister et de partager le territoire et ses ressources.

Perspective de certains Canadiens : les traités représentent des concessions territoriales par lesquelles les Premiers Peuples abandonnent tout contrôle sur leurs terres, hormis de petites réserves gérées par la Couronne, jusqu'à ce qu'ils soient assimilés à la société dominante.

De toute évidence, la perspective autochtone est la bonne interprétation, et ce, pour plusieurs raisons..

Mentionnons d'abord que pour la plupart des Autochtones, où qu'ils se trouvent sur la planète, la

terre n'est pas à vendre ou à acheter. Comme le grand chef et guerrier Tecumseh l'a dit, vendre la terre est aussi impossible que vendre l'air[1].

Admettons ensuite que les Britanniques avaient besoin de s'allier les tribus, car ils craignaient les rébellions tribales, une loyauté continue envers la France dans la seconde moitié du XVIIIe siècle, et un peu plus tard, l'absorption de leurs colonies par les États-Unis. Sachant cela, il apparaît clairement que la Proclamation royale n'avait rien d'un traité par lequel les Premiers Peuples cédaient leurs terres. C'était plutôt une façon, pour la Couronne, de tenter de rallier à sa cause les « diverses Nations et Tribus d'Indiens » en reconnaissant sans équivoque leurs droits. Ainsi, toute interprétation qui enfreint les droits reconnus des Autochtones est un acte de lèse-majesté, voire une atteinte à l'honneur du Canada.

La *Loi sur les Indiens*

Penchons-nous maintenant sur la *Loi sur les Indiens*. Adoptée en 1876, cette loi est l'antithèse des obligations déterminées par les traités originaux. C'est un mécanisme hautement inapproprié pour régir les liens gouvernementaux entre les Premières Nations et le Canada. La *Loi sur les Indiens* traite ces derniers comme des pupilles sous tutelle de l'État et accorde un pouvoir et un devoir disproportionnés au ministère

---

1. Allan Gregg, « Tecumseh's Ghost », 4 octobre 2013, <http://allan-gregg.com/tecumseh/>.

des Affaires autochtones, qui prend toutes les décisions importantes à leur place, de la naissance à la mort. Des décisions qu'aucun gouvernement ne tenterait jamais de prendre à ma place ou à la vôtre, sous peine de soulèvement populaire.

Il n'est pas exagéré de résumer cette page de notre histoire comme le font les Premiers Peuples en disant que l'objectif de la *Loi sur les Indiens* était de les assimiler, en utilisant les pensionnats indiens pour y parvenir.

J'entends déjà votre question : « Si la *Loi sur les Indiens* est si mauvaise, pourquoi ne pas l'abroger ? »

En effet, pourquoi pas ? Mais cette question en soulève une autre : « Par quoi allons-nous la remplacer ? » Il est impossible de répondre à cette question sans prendre en compte le droit inhérent des Premières Nations à un gouvernement autonome. Car abroger la *Loi sur les Indiens* sans leur donner accès à l'autonomie gouvernementale ne ferait qu'accentuer le déni historique des Premières Nations au sein de la Confédération.

Je me pencherai donc à présent sur ce droit.

Droit inhérent à un gouvernement autonome

Rappelons d'abord que les droits des Autochtones sont reconnus et affirmés à l'article 35 de la *Loi constitutionnelle de 1982*. En effet, les Premiers Peuples ont toujours eu un droit inhérent à un gouvernement autonome ; c'est un fait que nous avons reconnu il y a longtemps en concluant des traités avec eux.

Dans le dossier *Van der Peet*, le juge Lamer de la Cour suprême l'a dit clairement :

> la doctrine des droits ancestraux existe et elle est reconnue et confirmée par le paragraphe 35 (1) [de la *Loi constitutionnelle de 1982*], et ce pour un fait bien simple : quand les Européens sont arrivés en Amérique du Nord, les peuples autochtones s'y trouvaient déjà, ils vivaient en collectivités sur ce territoire et participaient à des cultures distinctives, comme ils l'avaient fait pendant des siècles. C'est ce fait [...] qui commande leur statut juridique – et maintenant constitutionnel – particulier[2].

Le juge Williamson, de la Cour suprême de Colombie-Britannique, a renchéri, rendant la décision la plus complète sur le droit inhérent au gouvernement autonome :

> [...] les droits ancestraux et en particulier un droit à l'autonomie gouvernementale s'apparentant à un pouvoir législatif de faire des lois, sont demeurés une des « valeurs sous-jacentes » tacites de la Constitution en dehors des pouvoirs distribués en 1867[3].

---

2. *R c. Van der Peet*, [1996] 2 S.C.R. 507, para. 30.
3. *Campbell c. B.C.* et *Nisga'a Campbell c. British Columbia Nation* 2000 BCSC 1123, para. 81.

En somme, le droit inhérent à un gouvernement autonome existe bel et bien, et ce, depuis longtemps. L'article 35 a été adopté pour protéger ce droit.

Alors, qu'est-ce qui ne va pas, au juste ?

Ce qui ne va pas, c'est que ces enjeux sont à la fois de nature politique et constitutionnelle. Ainsi, pour répondre à la question complexe de la reconnaissance réelle de la place des Premières Nations au sein de la Confédération, il ne suffit pas de faire valoir sa cause devant les tribunaux. Car, hélas, si l'histoire est garante de l'avenir, on devra négocier. Et ce, même si les Premières Nations peuvent se féliciter d'une succession de décisions de justice qui leur sont favorables.

C'est là que le bât blesse. À l'échelon fédéral, trop de gouvernements ont refusé de reconnaître réellement le droit inhérent à un gouvernement autonome. C'est ce qui arrive à peu près chaque fois que les dirigeants autochtones accusent le gouvernement d'agir unilatéralement ou de prétendre les consulter, mais sans le faire réellement. C'est pourquoi nous devons libérer les Premières Nations des griffes de la *Loi sur les Indiens*. Car, aussi étrange que cela puisse paraître, il semble qu'il ne suffise pas de reconnaître ce droit inhérent *constitutionnellement*. Il faut aussi le reconnaître *politiquement*.

Soulignons que la reconnaissance de ce droit n'est pas un cadeau que nous faisons aux Premières Nations, ce n'est pas un luxe ou un argument pour alimenter les débats entre universitaires ou juristes. C'est une nécessité pour que le Canada coupe les ponts avec son passé

colonial et que les Premières Nations prennent la place qui leur revient au sein de la Confédération.

C'est ce qui se passe aujourd'hui. Mais avec quelle lenteur! Il y a désormais une quarantaine de Premières Nations qui se gouvernent elles-mêmes sans être assujetties à la *Loi sur les Indiens*. La plupart de ces Nations ont pu négocier un traité moderne avec le Canada, ou une province ou un territoire. D'autres Nations confirment leur droit inhérent à un gouvernement autonome sans conclure de traité. C'est le cas de la Première Nation Westbank, en Colombie-Britannique, qui a mis son droit en pratique en vertu d'une entente, et non d'un traité.

À ce stade, sans doute vous demandez-vous ce qui pose problème, puisque certaines Nations ont institué l'autonomie gouvernementale.

La réponse, c'est qu'il s'agit d'une infime minorité. Et au rythme où vont les négociations pour le gouvernement autonome, il faudra un siècle pour que toutes les Premières Nations qui le désirent réussissent à mettre en place des structures de gouvernance, même rudimentaires, qui ne soient pas assujetties à la *Loi sur les Indiens*.

Que faire à propos du gouvernement autonome ?

Que peut-on y faire? Je vois trois solutions alternatives à une interminable série de négociations bilatérales sur le gouvernement autonome.

Comme première option, je considérerai la possibilité qu'une Première Nation agisse sans la reconnaissance

du Canada. Cette option risque pourtant de lui attirer des contestations juridiques, tant de l'intérieur de la Nation (par exemple, de la part de ses citoyens) que de l'extérieur (de la part de tierces parties ou d'autres gouvernements).

La deuxième option, c'est le recours aux tribunaux pour obtenir la confirmation juridique de son autonomie gouvernementale et pour clarifier les domaines de compétences où s'appliquent ces pouvoirs. Le problème, c'est que si les tribunaux ont reconnu le droit inhérent à un gouvernement autonome, ils ne peuvent tout de même pas tester chaque pouvoir de gouverner, pour chaque Première Nation. En outre, je l'ai dit, l'histoire démontre qu'une décision de justice ne règle pas tout.

La troisième option, très louable, mais qui exigerait du gouvernement une transparence sans précédent, a été proposée par maints dirigeants des Premières Nations : l'adoption d'une loi fédérale sur la reconnaissance du gouvernement autonome. Cette loi stipulerait qu'à la demande d'une Première Nation ou d'un groupe de Premières Nations, le Canada reconnaisse le droit inhérent du peuple concerné à un gouvernement autonome et régisse la transition sans prendre appui sur la *Loi sur les Indiens*, avec pragmatisme, et sans s'opposer indûment.

Pourquoi est-ce que j'insiste sur le pragmatisme ? Parce qu'étant donné l'ampleur des différences qui séparent un groupe d'un autre, il est impossible d'adopter une approche unique. Certaines communautés ne sont pas prêtes à assumer l'autonomie gouvernementale

totale et préféreraient s'y prendre petit à petit, en occupant d'abord quelques domaines de compétences, comme la gestion des terres. D'autres chercheront divers degrés de gouvernement autonome, en permanence ou temporairement. Enfin, il y en aura aussi qui ne voudront que des conseils sur le mode d'emploi.

Tout cela ne devrait pas nous surprendre. Il faut s'adapter à la situation selon le cas.

Façonner l'avenir

À cette fin, les universitaires, politiciens, bureaucrates et juristes ont beaucoup débattu de la question du droit inhérent au gouvernement autonome. Mais les meilleurs travaux sont réalisés par les Premières Nations elles-mêmes.

Aujourd'hui, nombreuses sont celles qui façonnent activement leur avenir. J'en ai été témoin lors de mon allocution à l'Assemblée des Premières Nations de Colombie-Britannique. Après avoir prononcé mon discours, j'ai assisté à la suite de la réunion. La chef régionale, Jody Wilson-Raybould, a alors expliqué aux chefs présents comment ce droit inhérent pouvait être établi et mis en pratique de diverses manières, dans diverses communautés, à divers stades de décolonisation, en traversant ce qu'elle appelle le portail postcolonial.

À la fin de la rencontre, elle a donné à chaque chef un document intitulé *The Governance Toolkit, a Guide to Nation Building* [Trousse d'outils sur la gouvernance : guide pour édifier une Nation], qui explique toutes les

étapes nécessaires à l'établissement d'un gouvernement autonome. C'est aussi l'un des meilleurs manuels pratiques de sciences politiques que j'ai jamais lus! Mais autant vous prévenir : ce manuel pèse une tonne!

Le rôle du gouvernement fédéral

Il serait maintenant intéressant de savoir pourquoi Ottawa a tendance à empêcher le gouvernement autonome plutôt qu'à le favoriser. C'est assez étonnant, quand on songe aux décisions de justice et à une évidence : la seule façon de s'affranchir de la dépendance dont souffrent tant de communautés, c'est d'ouvrir un espace de pluralisme au sein de la Confédération.

En fait, tout repose sur l'attitude d'Ottawa, qui est empreinte d'un paternalisme d'antan, parfois idéologique, parfois fiscal. Autrement dit, l'une des raisons pour lesquelles le Canada agit comme garde-barrière, c'est la peur de coûts imprévus. La vraie question, cependant, c'est le coût que représente le déni du droit des Premières Nations à se gouverner elles-mêmes.

La réponse est pourtant claire : ce déni coûtera les yeux de la tête. La politique actuelle du gouvernement, qui consiste à construire plus de prisons et moins d'écoles pour répondre au segment de notre population qui croît le plus rapidement, le démontre bien. De toute évidence, la solution s'inscrit dans un partenariat authentique et dans une nouvelle relation fiscale avec les Premiers Peuples, une relation semblable à celle qui lie les autres échelons de gouvernement où

Ottawa joue un rôle. Ainsi, peu importe où l'on vit et qui l'on est, on reçoit des services comparables à ceux qui sont offerts au reste de la population canadienne.

Aujourd'hui, on demande aux Autochtones canadiens de faire plus avec moins. C'est moralement répugnant. Ou, comme quelqu'un l'a dit, il faut arrêter de blâmer les victimes d'un système pourri et remettre plutôt le système en état.

L'Accord de Kelowna

C'est la raison pour laquelle j'ai mis en place le processus menant à l'Accord de Kelowna.

Sur quoi portait cet accord? C'était un moyen de réserver aux Autochtones une place à la table du Canada, confirmant ainsi la modernité de nos liens. C'était aussi une façon de s'assurer que le droit inhérent au gouvernement autonome était financé équitablement, sans quoi il aurait été vidé de son sens.

Mais pourquoi un accord? Parce que nous savions que, pour y arriver, il fallait un partenariat complet entre les gouvernements fédéral, provinciaux et territoriaux, d'une part, et les peuples et dirigeants autochtones, d'autre part.

Première étape de ce processus: la table ronde des peuples autochtones du Canada à Ottawa, première rencontre du genre au pays. Autour de la table, 147 participants représentant le fédéral, les provinces, les territoires, l'Assemblée des Premières Nations, l'Inuit Tapiriit Kanatami, le Ralliement national des Métis,

l'Association des femmes autochtones du Canada et le Congrès des peuples autochtones.

Plutôt que de *dire* aux dirigeants autochtones du Canada quels étaient leurs problèmes, nous le leur avons *demandé*. Et nous les avons écoutés. Nous leur avons demandé quelles solutions ils voulaient y apporter. Et encore une fois, nous les avons écoutés.

Les discussions étaient franches, la volonté de réussir, partagée par tous. Ainsi avons-nous pu définir les priorités : santé, logement, eau potable, éducation, développement économique et reddition de comptes, autant de priorités pour lesquelles les négociations ont aussitôt été amorcées. Ces travaux reconnaissaient les spécificités de chaque province, territoire et communauté autochtone.

En novembre 2005, après 18 mois de négociations, les premiers ministres des provinces et territoires, les dirigeants des organismes autochtones nationaux, ainsi que le premier ministre du Canada accompagné de membres de son cabinet se sont rendus à Kelowna pour une rencontre sans précédent dans le but de confirmer l'Accord et toutes ses priorités.

On pourrait se demander pourquoi il a fallu tant de temps pour en arriver à cet accord. C'est que, voyez-vous, les décisions n'ont pas été prises unilatéralement. Et les dirigeants autochtones ont eu le temps de consulter leurs communautés respectives. Car il s'agissait de *leurs* problèmes et de *leurs* solutions.

En somme, nous nous étions engagés à améliorer substantiellement le niveau de vie des Autochtones au

cours de la décennie suivante. Pendant les cinq premières années, nous comptions évaluer annuellement les progrès accomplis, afin de mieux cibler les interventions à effectuer au cours des cinq années suivantes.

Nous avons adopté des objectifs mesurables pour chacune des priorités. Ralph Goodale, le ministre des Finances, avait prévu 5,1 milliards de dollars pour les cinq premières années de l'Accord et comptait, selon les résultats, augmenter le financement pour les cinq années suivantes.

Le dernier jour de la rencontre de Kelowna, alors que nous confirmions notre accord, l'émotion était palpable. Le pays était enfin réuni. Nous nous affranchissions vraiment de notre passé colonial.

Hélas, malgré l'appui unanime des dirigeants autochtones et des provinces et territoires, y compris celui des gouvernements progressistes conservateurs, le gouvernement fédéral qui nous a succédé a renié l'Accord et réaffecté à d'autres fins les 5,1 milliards de dollars prévus pour améliorer le niveau de vie des Autochtones du Canada.

Tant sur le plan du contenu que sur celui de la collaboration de toutes les parties, l'abandon de l'Accord de Kelowna est une immense perte.

Il suffit de se pencher sur les grands enjeux pour le comprendre. Nous en verrons ici trois : santé (indicateurs sociaux désastreux qui ne s'améliorent pas), éducation et économie. Ainsi pourrons-nous illustrer la différence que pourrait faire le choix d'une approche concertée.

Santé

Que savons-nous des soins de santé chez les Autochtones? Nous savons que le financement de ces soins fait défaut dans le nord et ailleurs au pays. C'est évident, quand on songe à l'absence quasi totale de mesures de prévention et au manque criant de professionnels de la santé là où on en a besoin et quand on en a besoin.

Et nous connaissons bien les conséquences de ces problèmes. Les enfants et les adolescents inuits ont onze fois plus de chances que les autres jeunes Canadiens de succomber à une maladie infectieuse ou à un parasite. Dans les réserves, le diabète de type 2 est de trois à cinq fois plus répandu qu'ailleurs au pays. Dans certaines communautés autochtones, le taux de mortalité infantile est quatre fois plus élevé que la moyenne nationale. L'espérance de vie des Autochtones est inférieure de cinq à sept ans à celle des autres Canadiens.

Mais, quand on analyse le problème, il ne faut pas se limiter à ces statistiques qui nous sautent aux yeux; il faut aussi étudier les autres facteurs déterminants de la santé.

Bien-être des enfants

Le bien-être des enfants en est un exemple. Contre toute logique, le gouvernement fédéral continue de se défendre de discrimination devant le Tribunal des droits de la personne, alors que les allocations sociales qu'il verse sur les réserves sont de 22 p. 100 inférieures à celles qu'octroient les provinces hors réserve. C'est incroyable!

Eau potable

Il y a quelques mois, on a recommandé aux habitants de Montréal de faire bouillir leur eau. Cet avis a fait la une partout au pays et il n'a fallu que deux jours pour régler le problème.

Mais dans les réserves, qu'en est-il au juste? Au printemps 2011, date des dernières données statistiques, 111 réserves avaient reçu de tels avis. Cependant, comme le public n'en sait rien, les gouvernements l'ignorent aussi. Pourtant, de tels avis restent en vigueur pendant 343 jours en moyenne. Il est vrai que le gouvernement vient d'adopter une nouvelle loi sur l'eau potable, sauf qu'il ne la finance pas adéquatement. C'est ce qu'on appelle se renvoyer la balle. Autrement dit, si quelqu'un doit être blâmé, eh bien, blâmons les Premières Nations! Le gouvernement se contente de rappeler qu'il y a une loi, et personne ne se rend compte que les Premières Nations n'ont tout simplement pas les moyens d'assurer l'approvisionnement en eau potable.

Logement

La tuberculose est 31 fois plus prévalente chez les Indiens inscrits que chez les Canadiens non autochtones. Pourquoi un tel taux d'infection? Aurait-il quelque chose à voir avec les logements surpeuplés et insalubres comme on en trouve à Attawapiskat et dans de trop nombreuses collectivités du nord du pays?

Comment le gouvernement a-t-il réagi quand la situation catastrophique du logement à Attawapiskat a fait les manchettes? Il s'en est pris à la comptabilité du conseil de bande, comme si cela pouvait garder les gens au chaud en hiver. Hélas, le gouvernement a réussi à détourner l'attention du public, qui a décliné et a fini par se dissiper. On a oublié Attawapiskat et la multitude d'autres collectivités où le logement insalubre est la norme, et non l'exception.

Ce que j'ai le plus de mal à accepter dans cette tactique de diversion, c'est le fait que l'une des priorités de l'Accord de Kelowna était justement la reddition de comptes. Toutes les parties avaient reconnu que le renforcement des capacités en la matière était essentiel. En outre, le chef de l'Assemblée des Premières Nations de l'époque, Phil Fontaine, avait suggéré de créer un poste de vérificateur général autochtone pour s'assurer que les comptes des gouvernements des Premières Nations demeurent transparents pour leurs peuples. Nous étions tous d'accord, y compris la vérificatrice générale Sheila Fraser. Malgré tout, le nouveau gouvernement a rejeté l'idée sans même y réfléchir.

Quand le gouvernement nouvellement élu a renié l'Accord de Kelowna, le groupe de travail sur la reddition de comptes a voulu continuer sur sa lancée. Mais on le lui a refusé! Je crois que tout est dit.

Quand on considère la plupart de ces enjeux, quel est donc le problème? C'est une grande indifférence sociétale, aggravée par le paternalisme du gouvernement qui perdure encore aujourd'hui.

Toxicomanie

La toxicomanie, qui prévaut partout au Canada, en est un exemple criant. Comment s'y attaquer dans les lointaines communautés autochtones du Nord? On le fait surtout en envoyant les toxicomanes dans des centres de désintoxication au sud du pays, malgré tout le stress additionnel provoqué par l'éloignement de jeunes qui n'ont jamais quitté leur communauté. Ironiquement, on répète les mesures catastrophiques des pensionnats indiens: pour recevoir de l'aide, il faut s'éloigner de sa communauté.

Il doit bien y avoir une meilleure façon de faire. En tous cas, c'est ce que pense le ministère de la Santé du Nunavut.

L'automne dernier, à Cambridge Bay, on a démarré un projet pilote de formation de conseillers qui s'adressent aux aînés inuit afin d'offrir aux jeunes toxicomanes un traitement ancré dans les valeurs traditionnelles. Ces aînés servent de mentors à leurs patients et organisent des activités traditionnelles pour évacuer le

stress, comme la pêche sur glace. En intégrant au traitement les aînés et les valeurs traditionnelles, on donne aux patients accès à un réseau de soutien qui leur est familier. Bien entendu, les aînés ne sont pas experts en toxicomanie, mais on s'entend pour dire que le traitement est amélioré par leur présence. Et si on a besoin d'autres experts, pourquoi ne sont-ils pas disponibles sur place ? Ça n'a aucun sens !

Identité culturelle et santé

Un dernier point sur la santé. Quand les Autochtones insistent sur la préservation de leur langue, de leurs traditions et de leur culture, il n'y a pas de plus grand geste paternaliste que de demander : « Pourquoi ne sont-ils pas davantage comme nous ? »

À cette question, je réponds toujours : « Mais pourquoi donc devraient-ils être comme nous ? »

Il en découle encore d'autres questions, plus pointues, comme l'injustice d'une société qui essaie d'en assimiler une autre. En refusant de comprendre le besoin d'ancrer l'identité à des traditions, à une langue et à une culture, on mine le sentiment d'appartenance et la confiance. Ainsi, les gens perdent-ils toute résistance et toute espérance. Ils se sentent isolés. C'est de cela que se nourrissent la toxicomanie et d'autres problèmes pires encore.

Le taux de suicide chez les Premières Nations est six fois plus élevé que chez les autres jeunes Canadiens. Les statistiques sont encore plus élevées chez les Inuits.

Une étude récente des Premières Nations de Colombie-Britannique a montré que le taux de suicide est catastrophique dans les communautés où la langue n'a pas été préservée, tandis qu'il est bien moindre (ou même pratiquement nul!) là où la culture autochtone s'épanouit. Il n'est pas difficile d'en comprendre la raison, un argument de plus en faveur du droit inhérent au gouvernement autonome : le contrôle de son destin et la confiance en son identité sont essentiels à l'épanouissement de la personne.

Voilà pourquoi ils ne devraient pas être «comme nous»!

Si ce raisonnement s'applique parfaitement au système de santé, il est encore plus pertinent lorsqu'on se penche sur le système d'éducation.

Éducation

La meilleure façon de répondre à la marginalisation actuelle des Premiers Peuples du Canada est d'améliorer les résultats en matière d'éducation. C'est pourquoi l'un des objectifs de l'Accord de Kelowna consistait à combler l'énorme fossé entre élèves autochtones et élèves non autochtones au secondaire d'ici 2016. Hélas, nous venons de perdre sept ans, qui retardent d'autant l'atteinte de cet objectif.

Ces mauvais résultats s'expliquent de plusieurs façons. L'une des plus déterminantes est le manque flagrant de financement fédéral des écoles situées sur les réserves. En effet, dans les réserves de certaines

provinces, le financement par élève représente 20 à 30 % du montant versé par les provinces aux écoles relevant de leur compétence.

Il y a des provinces où le manque à gagner est encore plus prononcé. En Saskatchewan, le premier ministre Brad Wall et le chef Perry Bellegarde, de la Fédération des nations indiennes de la Saskatchewan, ont récemment annoncé qu'ils uniraient leurs forces pour convaincre Ottawa de combler «l'écart de 40 à 50 %[4]» qui sépare les élèves autochtones et non autochtones de cette province.

Conséquences directes de ce manque à gagner : dans les écoles des réserves, les enseignants ne sont pas toujours qualifiés et il n'y a souvent ni bibliothèque, ni bon gymnase, ni laboratoire de science ou d'informatique. Les enseignants spécialisés y sont très rares. Les programmes pour étudiants ayant un handicap y sont inexistants. Enfin, comme si ce n'était pas assez, l'état physique de bien des écoles est si lamentable que rares sont les parents canadiens qui laisseraient leurs enfants les fréquenter.

Pourquoi une école située dans une réserve devrait-elle recevoir un financement moindre que celui d'une école située dix kilomètres plus loin ? Le financement devrait être le même, c'est évident ! Mais là n'est pas la seule question. Au Canada, l'éducation primaire et secondaire gratuite constitue un droit universel. Étant

---

4.   Janet French, « FSIN, province push for equal education funds », *The Star Phoenix*, 24 août 2013.

donné l'obligation de combler le fossé entre élèves autochtones et non autochtones, la vraie question est la suivante : pourquoi les écoles situées dans une réserve ne reçoivent-elles pas un financement calculé selon leurs besoins ?

Et pourquoi le gouvernement fédéral refuse-t-il de financer adéquatement les écoles des réserves ? On dira d'emblée que c'est en raison du déficit. C'est oublier que, moi, j'en connais tout un rayon sur les déficits ! Et je vous assure que certaines dépenses peuvent être retardées et rattrapées dans l'avenir, afin de faire face à un bilan désastreux aujourd'hui. Mais si on retarde le financement qui aide les petits de six ans à apprendre à lire et à écrire avant d'avoir atteint leur troisième année, on leur dit qu'ils devront se rattraper tout le reste de leur vie. Et aucun gouvernement n'a le droit de faire ça.

Je ne nie pas la question de la justice intergénérationnelle que posent les déficits. Mais équilibrer le budget sur le dos des élèves les plus vulnérables au pays est non seulement immoral, mais absurde sur le plan économique. C'est clair : la population vieillissante du Canada ne peut se permettre de gâcher un seul talent, surtout pas les talents du segment de la population le plus jeune et en plus forte croissance au pays. Au Manitoba, par exemple, plus de 30 % des enfants qui entreront à l'école en 2016 seront des élèves autochtones. En Saskatchewan, 45 % des enfants qui entreront en maternelle cette année-là seront autochtones. À

voir ces chiffres, je doute que quiconque nie le caractère éminemment économique de cet enjeu.

Que faut-il faire alors ?

Le système éducatif autochtone a besoin de trois choses : un financement adéquat, un affranchissement du paternalisme gouvernemental qui empêche le nombre croissant de professionnels autochtones qualifiés de prendre le relais, et un partenariat avec les Canadiens pour accélérer les progrès.

Sur ce dernier point, laissez-moi vous rappeler une initiative que nous avons lancée il y a cinq ans. L'éducation dans nos collèges, universités et instituts techniques et professionnels est beaucoup plus accessible aux étudiants autochtones depuis une vingtaine d'années. Mais la situation reste bien mauvaise au primaire et au secondaire, piliers qui soutiennent l'éducation supérieure. C'est pourquoi nous avons créé l'Initiative d'éducation autochtone Martin : il fallait concentrer nos efforts sur les résultats scolaires à l'élémentaire et au secondaire, dans les réserves et hors des réserves.

L'un des programmes offerts est le Programme jeunes entrepreneurs autochtones, dont le but est d'initier les étudiants autochtones au b.a.-ba des affaires, de la promotion à la comptabilité, en passant par la collecte de fonds et la réalisation d'une vente. Nous avons lancé le programme dans une école secondaire des Premières Nations à Thunder Bay. Au cours des cinq dernières années, le programme a pris de l'ampleur, jusqu'à atteindre dix-huit écoles dans sept provinces et

un territoire. Ce mois-ci, nous avons annoncé le lancement du programme dans dix nouvelles écoles de la Saskatchewan. J'en suis tout à fait ravi.

L'une des clés de notre succès est hautement édifiante. C'est la décision que nous avons prise de développer du matériel pédagogique à contenu autochtone. C'est le seul de ce genre dans le domaine des affaires en Amérique du Nord, sinon dans le monde. Les étudiants des Premières Nations, de la Nation Métis et du peuple inuit se reconnaissent dans ces manuels et ces livres de référence. Or, on le sait, les livres font des miracles.

Nous avons également lancé le Programme de mentorat en comptabilité, qui encourage les jeunes Autochtones à terminer leur secondaire et à embrasser une carrière en affaires ou dans une profession, notamment la comptabilité. Le programme s'appuie sur un partenariat avec Comptables professionnels agréés Canada (anciennement Institut canadien des comptables agréés) et sept cabinets comptables partout au pays qui offrent un système de mentorat dans leurs bureaux locaux. Pour le moment, plus de quarante étudiants suivent le programme dans treize écoles secondaires, neuf villes et quatre provinces. L'objectif est d'offrir des occasions de mentorat à des élèves autochtones qui n'en auraient jamais eu autrement, et de leur faire voir les possibilités qui s'ouvrent à eux s'ils poursuivent leurs études et obtiennent leur diplôme.

Une autre initiative cherche à combler le fossé entre élèves autochtones et non autochtones, un fossé qui se

creuse dès l'école primaire. Le projet d'écoles modèles cherche à améliorer, dans deux écoles des réserves du sud-ouest de l'Ontario, l'enseignement de la lecture et de l'écriture, si critique pendant la petite enfance. Le projet repose sur des stratégies d'enseignement et des ressources qui ont été testées par les initiatives de redressement d'écoles primaires ailleurs en Ontario. Le résultat est probant : les niveaux de lecture et d'écriture ont fait un bond considérable. En fait, plusieurs élèves ont atteint un niveau plus élevé que la moyenne ontarienne. Quel progrès incroyable ! Il se fait à petite échelle, mais des vies et des avenirs en sont changés.

Pourtant, la plupart des enfants n'ont pas accès à un appui additionnel comme en fournissent les écoles modèles. Ainsi, nous sommes à formuler un programme de littératie plus tardive destiné aux élèves du primaire un peu plus âgés, que leur capacité limitée de lire risque de mener vers le décrochage scolaire.

Une autre leçon précieuse peut être tirée du projet d'écoles modèles : sur place, il faut des dirigeants solides. Pour développer leurs compétences et répondre aux demandes de bien des éducateurs autochtones, nous étudions actuellement la possibilité d'offrir un cours destiné aux directrices et directeurs d'école pour leur permettre de développer les capacités organisationnelles nécessaires à la réussite de leurs élèves.

Voyez comme le succès d'une initiative entraîne une demande pour d'autres programmes. Ce n'est pas difficile à comprendre, car le désir d'améliorer le système

est profond. Les progrès dans les écoles autochtones ouvrent de vastes possibilités.

Toutes ces bonnes nouvelles sont réjouissantes ! Mais le problème, c'est que, même si les fondations, entreprises et groupes comme le nôtre peuvent faire beaucoup, le constant sous-financement fédéral des écoles situées dans les réserves continuera de retarder les progrès, peu importe ce que nous faisons. Ultimement, tous les enfants en payeront le prix.

Je voudrais conclure sur un autre programme d'éducation qui vaut la peine d'être mentionné : c'est l'éducation de toute la population à propos des problèmes vécus par les Autochtones. En effet, je n'ai parlé jusqu'ici que de programmes d'éducation destinés aux jeunes Autochtones. Mais ce n'est pas une voie à sens unique. Il y a des enjeux pour lesquels les jeunes non-Autochtones ont eux aussi besoin d'un coup de pouce. C'est bien simple : nous n'enseignons pas très bien l'histoire, encore moins l'histoire des Autochtones du Canada.

Nous avons donc conclu un partenariat avec Enfants entraide, une ONG fondée par les frères Kielburger, pour développer l'initiative « Ensemble, nous pouvons faire une différence ». Cette initiative, qui porte sur l'histoire des Autochtones, a connu un vif succès et est aujourd'hui présente dans quelque 500 écoles primaires et secondaires un peu partout au pays.

Pourquoi est-ce si important ? Pourquoi vouloir comprendre l'histoire de notre pays, dans toutes ses nuances et sous toutes ses facettes ?

C'est important parce que ce n'est qu'en sachant d'où nous venons que nous pourrons saisir les défis qui confrontent les Autochtones canadiens aujourd'hui et embrasser une grande cause : ériger ensemble notre pays.

Économie

Un peu plus tôt, j'ai fait allusion au caractère non seulement moral d'un financement inadéquat de l'éducation pour les élèves autochtones, mais aussi à son caractère économique, étant donné le taux de croissance démographique des Autochtones au Canada. Il y a une autre raison pour laquelle cet enjeu est hautement économique : la soif du monde pour nos ressources naturelles.

Un peu partout au pays, les projets actifs ou prévus de développement des ressources naturelles se chiffrent à quelque 650 milliards de dollars. La plupart se situent sur des territoires autochtones traditionnels, ou à proximité[5]. Il est clair que ces projets ont fait ou feront l'objet de négociations exhaustives. Mais ne nous y trompons pas : ces négociations ne se feront pas dans un contexte de relations coloniales. Cette époque est révolue et nous devons nous en réjouir.

Il est parfois difficile, pour les Canadiens non autochtones, de comprendre la nature spirituelle des liens qu'entretiennent les Autochtones avec la terre. Et pourtant, la préservation des terres et de la culture

---

5. *Sommet canadien de l'énergie 2012*, Ressources naturelles Canada, http://www.rncan.gc.ca/salle-medias/discours/2012/3366>.

ancestrales constitue un point commun entre peuples autochtones de partout sur la planète.

Le principal objectif des pouvoirs coloniaux était de saisir ces terres par tous les moyens possibles. Hélas, ils ont assez bien réussi.

Le combat a toujours été inégal, nous le savons bien. Mais aujourd'hui, nous commençons à comprendre qu'en gagnant le combat, nous avons peut-être perdu la guerre. Car le climat, les stocks de poissons et l'environnement sont plus fragiles que nous aurions pu l'imaginer.

Les Autochtones ne s'opposent pas au développement. Ils veulent seulement laisser quelque chose à la prochaine génération. C'est ce qu'ils appellent leurs valeurs traditionnelles. Quant à nous, nous ne faisons que découvrir ces valeurs, que nous appelons « socialement responsables ». Je préfère la vision des Autochtones !

Une chose est claire : l'avenir d'une part significative de notre économie dépend à présent de la façon dont nous gérons la mine de ressources naturelles enfouies dans notre sous-sol et au fond des mers.

Historiquement, la croissance économique a fait peu de cas du développement durable. Ainsi, ce sont trop souvent les populations autochtones qui en ont porté le fardeau, pour la simple raison que la plupart des ressources naturelles passent par ces communautés, dans leur sous-sol ou à leur proximité.

Heureusement, les choses changent. Les tribunaux et la Constitution ont joué un rôle clé dans la protection des droits territoriaux des Autochtones. Mais ce n'est pas assez.

Récemment, j'ai parlé à un groupe d'élèves autochtones dans l'une des écoles secondaires où nous avons lancé notre Programme jeunes entrepreneurs autochtones. Ils étaient en faveur du développement des ressources, pourvu que leurs communautés en profitent et n'en souffrent pas.

Ils n'étaient pas centrés sur les griefs et les injustices du passé, mais davantage sur la voie de l'avenir. Ils m'ont parlé de leur désir d'avoir des perspectives d'avenir et de pouvoir faire des choix. S'intégrer à la vieille économie industrielle ne les intéresse pas tellement ; ils préfèrent de beaucoup faire carrière dans les industries durables et des entreprises, centrées ou non sur les ressources, qui veulent croître et se rentabiliser. Ils reconnaissent aussi que l'exploitation éhontée du capital naturel et la destruction de la cohésion sociale n'ont plus leur place.

Dans la plupart des cas, sur cette question, les jeunes Autochtones et les non-Autochtones du Canada

sont d'accord. Mais les uns et les autres auront-ils la même chance d'en profiter ? Pour le moment, force nous est de répondre par la négative.

Changer le cours de l'histoire

Alors, que pouvons-nous y faire ?

Nous pouvons changer le cours de l'histoire.

Nous pouvons reconnaître que le développement des ressources naturelles doit être une occasion d'abandonner le statu quo et d'améliorer la situation.

Nous pouvons nous assurer que les Autochtones du Canada sont à la table au début du processus de développement de leurs terres.

Nous pouvons nous assurer qu'ils y participent pleinement, non comme simples travailleurs, mais aussi comme travailleurs qualifiés, gestionnaires et propriétaires.

Nous pouvons confronter les conséquences de notre passé colonial, qui, hélas, se perpétue aujourd'hui.

Nous pouvons refuser de fermer les yeux sur les violations répétées de droits accordés par traité, sur les dégâts causés par la *Loi sur les Indiens* et sur le refus des politiciens de reconnaître le droit inhérent au gouvernement autonome.

Nous pouvons refuser la discrimination systémique des droits fondamentaux, comme le bien-être des enfants, les soins de santé universels et l'éducation primaire et secondaire universelle.

Nous pouvons reconnaître la nécessité d'ériger ensemble ce pays, que nos ancêtres y aient vécu depuis des temps immémoriaux ou qu'ils soient arrivés récemment. C'est ainsi qu'on peut changer le cours de l'histoire !

Au fil des ans, nous avons compris bien des choses sur nous-mêmes, sur notre pays et sur les Premiers Peuples du Canada.

Nous devons beaucoup à nos pères fondateurs. Mais la question des droits, de la justice et de l'égalité ne doit pas être vue aujourd'hui comme elle l'était alors. Nous ne sommes plus en 1863 ; nous sommes en 2013. Nous ne sommes plus au XIXᵉ siècle ; nous sommes au XXIᵉ siècle.

Nos ancêtres ont relevé les défis comme ils les voyaient à leur époque.

N'ayons pas peur de relever les défis de notre temps !

Présentation de la médaille Symons en 2013
De gauche à droite : Wayne Hambly (président du Conseil
d'administration, Centre des arts de la Confédération), Claude Métras
(délégué du Québec, coprésident de la cérémonie de la remise de la
médaille), le très honorable Paul Martin, l'honorable Robert Ghiz
(premier ministre de l'Île-du-Prince-Édouard).

De gauche à droite : George Kitching (coprésident du Comité
de la médaille Symons), Wayne Hambly (président du Conseil
d'administration, Centre des arts de la Confédération), Jessie Inman
(directrice-générale, CAC), Harvey McCue, le très honorable Paul
Martin, l'honorable Robert Ghiz (premier ministre de l'Île-du-Prince-
Édouard), Claude Métras (délégué du Québec, coprésident de la
cérémonie de la remise de la médaille).

Postface
Preuves à l'appui : la Nation crie comme modèle de gouvernement autonome

Harvey McCue

Votre honneur, Frank Lewis, lieutenant-gouverneur de l'Île-du-Prince-Édouard et Madame Dorothy Lewis, Monsieur le premier ministre Robert Ghiz et Madame Kate Ellis-Ghiz, Monsieur le juge en chef David Jenkins et Madame Nora Jenkins, Monsieur le chef Tom Francis, chers sénateurs, députés fédéraux et provinciaux, membres du conseil d'administration du Centre des arts de la Confédération, chers Tom et Christine Symons, chers invités, Mesdames et Messieurs. Et à mes frères et sœurs de la Nation Mikmaw, Gwe.

C'est un honneur que d'être invité par le Centre des arts de la Confédération pour remercier le très honorable Paul Martin, lauréat de la médaille Symons cette année, de sa fascinante et inspirante causerie sur l'état de la Confédération, *Le Canada et le Canada autochtone aujourd'hui*. En ce 250e anniversaire de la Proclamation royale de 1763 et à l'occasion du 200e anniversaire de la mort du grand chef Shawnee, Tecumseh, il est très à propos que le douzième lauréat de la médaille

Symons, le très honorable Paul Martin, se penche sur un sujet d'importance nationale, qui continue pourtant d'échapper à la plupart des Canadiens et à nos gouvernements, tant fédéral que provinciaux. En tant que vingt et unième premier ministre du Canada et architecte de l'Accord de Kelowna, ce consensus historique conclu entre les premiers ministres des provinces et les dirigeants des Premières Nations, de la Nation Métis et du peuple inuit, Paul Martin a une perspective éclairée sur les défis qui se posent à nous. Grâce à l'Initiative d'éducation autochtone Martin et à sa participation au fonds Capitaux pour la prospérité et l'entrepreneurship autochtone, il continue d'approfondir sa connaissance des enjeux.

Pourquoi donc la question autochtone reste-t-elle si mal comprise des citoyens et des gouvernements? Comme le suggère Paul Martin, nos gouvernements, surtout au palier fédéral, doivent reconnaître qu'une loi fédérale sur le gouvernement autonome est essentielle pour que les communautés autochtones se libèrent des contraintes des cent dernières années. Est-ce si simple? Suffit-il d'adopter une loi qui rétablit le droit des communautés autochtones à l'autonomie gouvernementale? Et, surtout, peut-on avoir espoir qu'une telle loi accomplirait ce qu'on attend d'elle? Ce sont là autant de questions raisonnables auxquelles il faut répondre. Et pour juger des réponses, il faut y apporter des preuves. Comme ma vieille *nokum* aimait le dire, « *the proof is in the bannock* » [en calquant l'expression

anglaise « *the proof is in the pudding*», mais en remplaçant ce plat par un mets courant dans sa communauté]. Des preuves, il nous en faut. En voici donc quelques-unes.

D'un bout à l'autre du pays, il y a plusieurs exemples qui prouvent la justesse de l'argument de Paul Martin sur le gouvernement autonome. Nul n'est plus éloquent que celui des Cris de la baie James, au Nord du Québec. J'aimerais vous en parler aujourd'hui. Depuis la signature historique de la *Convention de la Baie-James et du Nord québécois* en 1976 et la subséquente adoption de la *Loi sur les Cris et les Naskapis* en 1984, une loi fédérale sans précédent ailleurs au pays qui reconnaît et instaure le droit du peuple cri de la baie James à un gouvernement autonome, la Nation crie du Nord du Québec a connu un remarquable succès politique et économique. En voici quelques exemples :

- Le Bureau de l'indemnité cri a été mis sur pied pour gérer le règlement de 250 millions de dollars conclu par la *Convention de la Baie-James et du Nord québécois* en 1976. Par l'intermédiaire de sa division d'affaires, la Compagnie des entreprises cries de développement économique, le Bureau gère tout un éventail de sociétés et d'entreprises cries, notamment une ligne aérienne, Air Creebec, un entrepreneur qui participe à des appels d'offres locaux et nationaux, Cree Construction, une société d'exploration de nouvelles sources d'énergie, Cree Energy,

et un organisme qui se consacre à l'entretien d'aéronefs, Valpiro.

- La société Eeyou gère les 240 millions de dollars reçus en vertu de la Convention La Grande, conclue en 1986, et investit dans le développement communautaire et économique.

- En 2002, la Société de développement crie a conclu un nouvel accord avec Québec, la Paix des Braves, qui permet d'investir dans les projets économiques développés dans les territoires cris grâce à un fonds de 139 millions de dollars octroyés entre 2002 et 2005, renouvelé à hauteur d'au moins 70 millions annuellement entre 2005 et 2052.

- L'Agence crie de développement des ressources humaines aide les gens à chercher un emploi, administre l'assurance-emploi et octroie du financement pour la formation.

- L'agent régional de développement économique de l'Administration régionale crie travaille de concert avec toutes les entités nommées plus haut pour promouvoir l'emploi des Cris, l'obtention de contrats de développement et le lancement de nouvelles entreprises cries.

La Nation crie a son propre conseil de la santé et sa propre commission scolaire crie. Régis par des Cris élus par la communauté, ces deux organismes sont responsables des services hospitaliers et dentaires, de même que de tous les services d'éducation primaire,

secondaire et aux adultes dans neuf communautés cries.

Outre ces agences qui jouent un rôle capital, la Nation crie administre plusieurs ministères clés : le ministère de l'Environnement, le ministère des Activités traditionnelles, qui permet aux chasseurs et trappeurs cris de s'adonner aux activités économiques traditionnelles grâce un système de prix garanti pour les fourrures, et le ministère des Services communautaires, qui gère le tourisme, l'artisanat et les services des incendies dans neuf communautés cries. Tout cela sans abandonner ou laisser tomber leur langue et les valeurs fondamentales du peuple cri.

Le Grand conseil des Cris, organisme qui chapeaute les activités politiques, se compose de membres élus par les neuf communautés cries. Ainsi est élaboré le programme politique national des Cris. Le conseil est le principal négociateur de la Nation crie avec les divers paliers de gouvernements hors du territoire cri.

Ces structures, en plus d'initiatives communautaires plus modestes, ont permis à la Nation crie de développer une économie robuste et durable, dans une région que le premier ministre du Québec, Robert Bourassa, avait cavalièrement qualifiée en 1971 de vaste territoire vide, si ce n'est des mouches noires et des maringouins !

Cette vaste infrastructure économique et sociale repose sur une fondation politique mise en place par la *Loi sur les Cris et les Naskapis*, qui définit la compétence

et l'autorité politique et juridique des administrations locales et de l'autorité régionale du peuple cri. Ces gouvernements ne rendent de comptes qu'à la Nation crie et à ses membres. Ainsi la Nation crie prospère-t-elle, quels que soient les indicateurs que l'on utilise. Son avenir politique est aux mains des seuls Cris. Nous sommes, sans l'ombre d'un doute, *maîtres chez nous.*

Tout cela semble merveilleux et, en grande partie, c'est bien le cas. Notre exemple montre clairement ce que les Autochtones peuvent faire avec les bons outils. Mais ne nous voilons pas la face : la situation est loin d'être parfaite. Où donc peut-on trouver la perfection sur cette planète, tant sur le plan politique qu'économique ? Comme ailleurs au pays, les Cris s'efforcent d'assurer à tous un logement adéquat et de convaincre leurs jeunes de l'importance et la valeur de l'éducation. Ils luttent constamment pour que leur développement économique respecte leurs valeurs traditionnelles relativement au territoire. Comme partout ailleurs, il reste toujours beaucoup à faire.

Pourtant, le succès de la Nation crie étaye l'argument de Paul Martin, qui veut que le gouvernement autonome des peuples autochtones soit une étape importante, pour ne pas dire essentielle, vers l'autosuffisance, le renforcement de l'identité culturelle et la possibilité de progresser avec fierté, confiance et souplesse. Mais comme il nous le rappelle aujourd'hui, le sous-financement continue de ralentir la marche des Autochtones vers cette autosuffisance.

Reconnaître le gouvernement autonome autochtone sans le financer adéquatement réduira fortement ses chances de réussite, s'il ne les anéantit pas carrément. Même si la *Loi sur les Cris et les Naskapis* a joué un rôle vital, il est indéniable que c'est le financement que les Cris ont négocié avec le fédéral et le provincial, à partir de 1976 et jusqu'à aujourd'hui, qui leur a permis d'atteindre les objectifs fixés par cette loi historique. L'Accord de Kelowna reconnaît cette nécessité. Si, comme nation, nous voulons aider les Autochtones à participer pleinement et avantageusement au grand rêve canadien, nous devons la reconnaître nous aussi.

Je remercie Paul Martin du fond du cœur de sa perspective et de sa sagesse. Merci de nous avoir rappelé que l'avenir des Autochtones doit dépasser le simple statu quo et que les clés du changement et du succès sont à notre portée.

Merci, *Meegwitch, Welaylin*.

Notices biographiques

Le très honorable Paul Martin

Le très honorable Paul Martin a été vingt et unième premier ministre du Canada de 2003 à 2006, ministre des Finances de 1993 à 2002 et député de LaSalle-Émard, à Montréal, au Québec, de 1988 à 2008.

En tant que ministre des Finances, il a effacé le déficit canadien, qui était le pire parmi les pays du G7, avant d'engranger des surplus budgétaires pendant les cinq années suivantes tout en payant la dette nationale et en réduisant le ratio de la dette en fonction du PIB du Canada. Il est également l'architecte des plus grandes réductions d'impôt de l'histoire du Canada et de la plus forte croissance des investissements fédéraux en éducation, recherche et développement. De concert avec les gouvernements des provinces, il a rétabli le Régime de pensions du Canada, et en a assuré la pérennité pour les générations futures. Il a également resserré la réglementation régissant les institutions financières canadiennes, faisant ainsi aujourd'hui du Canada un modèle aux yeux du monde entier. En septembre 1999, il a été nommé président de la toute première rencontre des ministres des Finances des pays du G20, un groupe international de ministres des Finances et de gouverneurs de banques centrales. En tant que premier ministre, il a insisté pour que les dirigeants des pays

membres du G20 se rencontrent, ce qui s'est produit en 2008. Dans le cadre du G7 et en tant que gouverneur de la Banque mondiale et du Fonds monétaire international, il a mené le combat pour l'effacement de la dette qui grevait les économies africaines.

En tant que premier ministre, Paul Martin a adopté un plan décennal doté d'un fonds de 41 milliards de dollars pour améliorer les soins de santé et réduire les temps d'attente, signé des accords avec les provinces et territoires pour mettre sur pied le premier programme national de garderies et de développement de la petite enfance, et offert un nouvel arrangement financier aux municipalités canadiennes. C'est pendant son mandat qu'en novembre 2005 le gouvernement canadien a dégagé un consensus historique avec les provinces et territoires du Canada, d'une part, et les dirigeants des Premières Nations, de la Nation Métis et du peuple inuit, d'autre part, pour éliminer le fossé entre Autochtones et non-Autochtones en matière de santé, d'éducation, de logement et de débouchés économiques. Ce consensus a donné naissance à l'Accord de Kelowna. Il a en outre déposé la *Loi sur le mariage civil*, qui modifie la définition traditionnelle du mariage afin d'y inclure les conjoints de même sexe. Enfin, il s'est assuré l'appui de bon nombre de dirigeants étrangers à l'initiative onusienne proposée par le Canada portant sur la responsabilité de protéger.

Depuis son départ de la vie politique, Paul Martin et l'ancien président du Mozambique, Joaquim Chissano,

coprésident un panel de haut niveau qui doit présenter un rapport sur une nouvelle vision stratégique pour la Banque africaine de développement. Ce rapport fait suite à un autre, présenté plus tôt par un panel des Nations Unies sur les investissements privés dans le tiers monde, qu'il coprésidait avec l'ancien président mexicain Ernesto Zedillo.

Aujourd'hui, Paul Martin siège au conseil consultatif de la Coalition pour le dialogue sur l'Afrique, une initiative parrainée par l'Union africaine, la Commission économique pour l'Afrique et la Banque africaine de développement, qui étudie les enjeux critiques qui confrontent le continent africain. Il préside aussi un fonds britanno-canado-norvégien de 200 millions de dollars pour la réduction de la pauvreté et la promotion du développement durable dans les pays du bassin forestier du fleuve Congo.

Il siège à la Commission Océan mondial, qui a pour mandat de formuler des recommandations politiquement et techniquement réalistes à court, moyen et long termes pour faire face à quatre enjeux critiques touchant la haute mer : la surpêche, les pertes exhaustives d'habitat et de biodiversité, l'absence de gestion et de mise en application efficace des lois et la déficience en matière de gouvernance.

Au Canada, Paul Martin et sa famille ont fondé l'Initiative autochtone Martin, afin de définir les enjeux qui confrontent les Autochtones du Canada. Pour le moment, l'Initiative compte deux divisions : l'Initiative

d'éducation autochtone Martin (IEAM), qui favorise la réussite scolaire chez les jeunes Autochtones, et le fonds Capitaux pour la prospérité et l'entrepreneurship autochtone (CAPE), qui permettent de développer une expertise d'affaires et du mentorat pour les entreprises autochtones.

Avant d'entrer en politique, Paul Martin a eu une brillante carrière dans le secteur privé en tant que dirigeant de Power Corporation, à Montréal, et président-directeur général du groupe CSL inc., qui gère la plus grande flotte de vaisseaux autodéchargeurs et de transbordeurs en mer. L'acquisition de ce groupe par monsieur Martin en 1981 représente le plus important rachat d'entreprise financé par l'endettement au Canada à l'époque.

Paul Martin a obtenu son baccalauréat spécialisé en philosophie et en histoire au collège St Michael de l'Université de Toronto et est diplômé du Département de droit de cette même université. Il a été reçu au barreau de l'Ontario en 1966.

En décembre 2011, il a été nommé compagnon de l'Ordre du Canada.

Époux de Sheila Ann Cowan depuis 1965, il a trois fils, Paul, Jamie et David, ainsi que quatre petits-enfants, Ethan, Liam, Finn et Sienna.

Harvey McCue

Vice-président de la Fiducie du patrimoine ontarien, Harvey McCue (Waubageshig) est consultant en affaires

autochtones en matière de santé, d'éducation, de gouvernement autonome, d'industrie du jeu, de relations
publiques et de développement économique. Membre
de la Première Nation ontarienne de Georgina Island,
il a contribué à la fondation et au développement du
Département des études autochtones de l'Université
Trent, où il a enseigné de 1969 à 1983. Directeur des
services d'éducation à la Commission scolaire crie du
Nord du Québec entre 1983 et 1988, il y a supervisé
les écoles de huit communautés cries. En 1988, il est
devenu le premier directeur général de l'Éducation
autochtone au ministère canadien des Affaires indiennes
et du Nord, poste qu'il a occupé pendant cinq ans. Il a
également aidé la Nation Mi'kmaq de Nouvelle-Écosse
en tant qu'administrateur général de la première société
mi'kmaq pour l'éducation. Fondateur de First Nations
Youth at Risk, un organisme caritatif autochtone qui
offre des bourses aux jeunes à risque, il en a été le président et le coordonnateur national.

Centre des arts de la Confédération, lauréats de la médaille Symons 2004-2014

2004   L'honorable Jean Charest

2005   L'honorable Roy McMurtry

2006   Mark Starowicz

2007   L'honorable Peter Lougheed
        L'honorable John Crosbie

2008   Ian Wilson

2008   La très honorable Beverley McLachlin

2009   Mary Simon

2010   Le très honorable David Johnston

2011   Ivan Fellegi

2012   David Suzuki

2013   Le très honorable Paul Martin

2014   Son Altesse Royale le prince de Galles